GEDANKENMAGIE

Wie du durch bewusstes Sprechen mit
deinen Gedanken deine Realität formst

Mag. Eva Prasch

CONTENTS

Title Page

Copyright

Über mich

Einführung   1

Kapitel 1: Die Grundlagen der Gedankenmagie   3

Die Wechselwirkung zwischen Gedanken und Sprache   6

Wie Deine Sprache Deine Gedanken beeinflusst und umgekehrt   7

Die Bedeutung positiver und negativer Worte und deren Auswirkungen auf Deine Realität   8

Zusammenfassung und Ausblick   9

Die Definition von Affirmationen und ihre Funktion in der Gedankenmagie   10

Die Auswahl und Formulierung wirksamer Affirmationen   11

Der Einfluss von Glaubenssätzen auf Deine Gedankenwelt und Realitätsgestaltung   12

Techniken zur Neuprogrammierung des Unterbewusstseins für Deine positive Realitätsveränderung   13

Zusammenfassung und Ausblick   14

Die Natur des Unterbewusstseins   16

Die Verbindung zwischen Unterbewusstsein und Realität   17

Die Beeinflussung des Unterbewusstseins   18

Techniken zur Programmierung des Unterbewusstseins   19

Zusammenfassung und Ausblick   20

Kapitel 2: Die Kunst des bewussten Sprechens mit Deinen Gedanken   21

Die Definition von Achtsamkeit und Bewusstsein   22

Die Bedeutung von Achtsamkeit im Umgang mit Deinen Gedanken   23

Die Rolle des Bewusstseins im Umgang mit Deinen Gedanken   24

Achtsamkeits- und Bewusstseinsübungen im Umgang mit unseren Gedanken   25

Zusammenfassung und Ausblick   26

Die Wirkung Deiner inneren Sprache   28

Die Auswirkungen einer positiven inneren Sprache   29

Die Entwicklung einer positiven inneren Sprache   30

Die Bedeutung einer positiven äußeren Sprache   31

Zusammenfassung und Ausblick   32

Die Bedeutung eines harmonischen inneren Dialogs   34

Die Analyse des inneren Dialogs   35

Die Identifikation disharmonischer Muster   36

Die Neuausrichtung des inneren Dialogs   37

Die Integration verschiedener Aspekte des Selbst   38

Zusammenfassung und Ausblick   39

Die Bedeutung der Visualisierung und Vorstellungskraft   41

Die Schritte zur effektiven Visualisierung und Vorstellungskraft   42

Die Verbindung von Visualisierung und Handlung   44

Die Überwindung von Zweifeln und Blockaden   45

Die Integration von Emotionen in die Visualisierung   46

Die Erweiterung der Vorstellungskraft ... 47

Die Ausrichtung auf das Hier und Jetzt ... 48

Zusammenfassung und Ausblick ... 49

Kapitel 3: Die Schöpfung der gewünschten Realität ... 50

Die Grundlagen des Gesetzes der Anziehung ... 51

Die bewusste Gestaltung Deiner Gedanken und Überzeugungen ... 52

Die Kraft der Visualisierung und Affirmationen ... 53

Die Rolle der Dankbarkeit und des positiven Denkens ... 54

Die Ausrichtung auf das Gewünschte und das Loslassen von Widerstand ... 55

Die Verantwortung für Deine Gedanken und Emotionen übernehmen ... 56

Zusammenfassung und Ausblick ... 57

Die Macht der positiven Gedanken ... 59

Die Bedeutung von positiven Emotionen ... 60

Die Rolle der Selbstreflexion ... 61

Die Wichtigkeit der Achtsamkeit ... 62

Die Kontrolle über unsere Reaktionen ... 63

Zusammenfassung und Ausblick ... 64

Die Identifizierung von Blockaden ... 66

Die Arbeit an begrenzenden Glaubenssätzen ... 67

Die Überwindung von Selbstzweifeln ... 68

Die Bewältigung von Ängsten ... 69

Die Nutzung von Techniken wie Visualisierung und Affirmationen ... 70

Die Unterstützung durch Coaching oder Therapie ... 71

Die Integration neuer Denkmuster und Gewohnheiten ... 72

Die Rolle der Selbstdisziplin und des Engagements ... 73

Die Unterstützung durch ein unterstützendes Umfeld   74

Zusammenfassung und Ausblick   75

Die Kraft der positiven Sprache   77

Die Kunst der Affirmationen   78

Die Bedeutung von Visualisierung und Vorstellungskraft   79

Die Ausrichtung auf das Gewünschte   80

Die Verbindung von Gedanken und Handlungen   81

Zusammenfassung und Ausblick   82

Kapitel 4: Die Verbindung zwischen Gedanken und Handlungen   84

Die Macht der Handlung   85

Das Gesetz von Ursache und Wirkung   86

Die Ausrichtung von Handlungen auf Deine Ziele   87

Die Integration von Gedanken, Worten und Handlungen   88

Zusammenfassung und Ausblick   89

Die Bedeutung der Ausrichtung   94

Die Schaffung von Einheit   96

Kapitel 5: Herausforderungen und Hindernisse auf dem Weg   106

Kapitel 6: Die Weiterentwicklung der Gedankenmagie   122

Schlussworte   135

ÜBER MICH

In diesem Buch möchte ich Dir einen persönlichen Einblick geben und Dir erzählen, warum ich dieses Buch über Gedankenmagie geschrieben habe.

Es ist wichtig zu verstehen, dass meine Motivation, dieses Buch zu verfassen, eng mit meinen eigenen Erfahrungen und Erkenntnissen in Bezug auf **die Macht der Gedanken** verbunden ist.

Ich hatte selbst eine Phase in meinem Leben, in der ich mit negativen Denkmustern, Zweifeln und Ängsten zu kämpfen hatte.

Ich fühlte mich in meinem eigenen Gedankenkarussell gefangen und war unzufrieden mit meiner Lebenssituation.

In dieser Zeit stieß ich auf die Konzepte der Gedankenmagie und begann, mich intensiv damit zu beschäftigen.

Durch die bewusste Arbeit mit meinen Gedanken und die Anwendung der Prinzipien der Gedankenmagie konnte ich eine tiefgreifende Veränderung in meinem Leben erfahren.

Ich begann, meine Realität bewusst zu gestalten, positive Gedankenmuster zu etablieren und meine Ziele und Träume zu manifestieren.

Die Auswirkungen dieser Praxis waren so bedeutend für mich, dass ich beschloss, mein Wissen und meine Erfahrungen in diesem Buchmit Dir zu teilen.

Ich möchte Dich inspirieren, Deine eigenen Gedankenkräfte zu entdecken und zu nutzen, um ein erfülltes und authentisches Leben zu führen.

Ich biete Dir nicht nur theoretisches Wissen, sondern auch praktische Übungen, Affirmationen und Meditationen, die Dir dabei helfen, die Prinzipien der Gedankenmagie in Deinem eigenen Leben anzuwenden.
Meine Hoffnung ist es, dass Du durch die Lektüre dieses Buches die Werkzeuge und das Verständnis erlangst, um bewusst Deine Realität zu gestalten und Dein volles Potenzial zu entfalten.

Ich freue mich, dass Du Dich für dieses Thema interessierst und hoffe, dass dieses Buch Dir wertvolle Einsichten und Inspirationen bietet.

Du kannst die transformative Kraft Deiner Gedanken entfesseln und Dir ein Leben voller Freude, Erfüllung und Erfolg erschaffen.

Herzlichst,
Eva

EINFÜHRUNG

Die Bedeutung der Gedanken
in unserem Leben

Unsere Gedanken sind mächtige Werkzeuge, die einen tiefgreifenden Einfluss auf unser Leben haben. Oft unterschätzen wir die Kraft, die in unseren Gedanken steckt, und sind uns nicht bewusst, wie sehr sie unsere Realität formt. Doch in der Welt der Gedanken liegt ein großes Potenzial, das wir entdecken und nutzen können.

Die Kraft des bewussten Sprechens
mit unseren Gedanken

In diesem Buch tauche ich mit dir in die faszinierende Welt der Gedankenmagie ein. Gedankenmagie ist die Kunst, durch bewusstes Sprechen mit unseren Gedanken unsere Realität zu formen.

Es geht darum, unsere inneren Dialoge bewusst zu gestalten, unsere Gedankenmuster zu erkennen und gezielt zu lenken, um das Leben zu erschaffen, das wir uns wünschen.

Ziel des Buches:

Die Prinzipien der Gedankenmagie verstehen und anwenden

Das Ziel dieses Buches ist es, Dir die Prinzipien der Gedankenmagie näherzubringen und Dir konkrete Werkzeuge an die Hand zu geben, um Deine Gedanken bewusst zu lenken und Deine Realität zu formen.

Du wirst lernen, wie Du durch positive Affirmationen und eine bewusste innere Sprache Deine Gedankenmuster verändern kannst.

Du wirst erfahren, wie Du Deine Gedanken mit Deinen Emotionen in Einklang bringst und so die gewünschten Ergebnisse in Deinem Leben ziehen kannst.

Gedankenmagie ist keine esoterische Phantasie, sondern ein praktischer Ansatz, der auf grundlegenden psychologischen Prinzipien beruht. Es ist ein Prozess der Selbstentdeckung und Selbsttransformation, der Dir ermöglicht, die Kontrolle über Deine Gedanken und Dein Leben zu übernehmen.

Wage den Schritt in die Welt der Gedankenmagie und entdecke das Potenzial, das in Dir schlummert.

Lerne, bewusst mit Deinen Gedanken zu sprechen und Deine Realität zu formen.

Tauche ein in die transformative Kraft der Gedankenmagie und erlebe, wie Du Dein Leben auf eine neue Ebene bringen kannst.

Bereite Dich darauf vor, Deine Gedanken zu meistern und die Schöpferkraft in Dir zu entfesseln. Der Weg der Gedankenmagie eröffnet Dir die Möglichkeit, Dein Leben bewusst zu gestalten und Deine Träume zu verwirklichen.

Sei bereit für eine Reise in die Tiefen Deiner eigenen Gedankenwelt.

KAPITEL 1: DIE GRUNDLAGEN DER GEDANKENMAGIE

- *Was ist Gedankenmagie*

Gedankenmagie ist ein Begriff, der die Kunst und Praxis des bewussten Denkens und Sprechens beschreibt, um Deine Realität zu formen.

Es geht darum, die Macht Deiner Gedanken zu erkennen und gezielt einzusetzen, um positive Veränderungen in Deinem Leben herbeizuführen.

Im Gegensatz zu traditioneller Magie, die oft mit äußeren Ritualen und Zaubersprüchen in Verbindung gebracht wird, liegt der Fokus der Gedankenmagie auf der inneren Welt des Denkens und Sprechens.

Es ist eine Form der Selbstmagie, bei der Du die Verantwortung für Deine eigenen Gedanken übernimmst und sie bewusst lenkst, um die gewünschten Ergebnisse zu erzielen.

Gedankenmagie basiert auf der Erkenntnis, dass Deine Gedanken eine energetische Schwingung haben und somit Einfluss auf Deine Realität nehmen können.

Indem Du Deine Gedanken bewusst auswählst, positive Affirmationen verwendest und Dich auf das konzentrierst, was

Du in Deinem Leben manifestieren möchtest, kannst Du Deine innere und äußere Welt transformieren.

Die Grundlage der Gedankenmagie liegt im Verständnis des **Gesetzes der Anziehung**. Dies besagt, dass ähnliche Energien und Schwingungen einander anziehen.

Indem Du positive Gedanken und Gefühle in Deine Realität aussendest, ziehst Du positive Ereignisse, Beziehungen und Erfahrungen in Dein Leben.

Die Praxis der Gedankenmagie erfordert Achtsamkeit und Bewusstsein.

Es erfordert, dass Du Deiner Gedankenmuster und Überzeugungen bewusst wirst und sie gezielt veränderst, wenn sie Dir nicht mehr dienlich sind.

Es geht darum, Deine innere Sprache zu überprüfen und sie in eine positive, unterstützende Richtung zu lenken.

Gedankenmagie ist kein esoterisches Konzept, sondern **ein praktischer Ansatz, der auf psychologischen Prinzipien basiert**.

Sie gibt uns die Möglichkeit, Deine eigene Schöpferkräfte zu erkennen und bewusst einzusetzen, um Deine Realität zu gestalten.

In den folgenden Kapiteln wirst Du Dich mit den Grundlagen der Gedankenmagie befassen.

Du wirst lernen, wie Du Deine Gedanken bewusst wählst, positive Affirmationen verwendest, das Unterbewusstsein neu programmierst und die Kraft der Visualisierung nutzen kannst, um Deine gewünschten Ergebnisse zu manifestieren.

Tauche ein in die faszinierende Welt der Gedankenmagie und entdecke die transformative Kraft, die in uns allen schlummert.

● *Die Verbindung zwischen Gedanken, Sprache und Realität*

Deine Gedanken, Deine Sprache und Deine Realität stehen in einer engen Verbindung zueinander.

Sie beeinflussen sich gegenseitig und spielen eine entscheidende Rolle bei der Gestaltung Deines Lebens.

In diesem Kapitel wirst Du Dich genauer mit dieser Verbindung auseinandersetzen und Deine Bedeutung für die Gedankenmagie verstehen.

DIE WECHSELWIRKUNG ZWISCHEN GEDANKEN UND SPRACHE

- Die Grundlage der Gedankenmagie liegt in der Erkenntnis, dass Deine Gedanken eine energetische Schwingung haben. Sie sind wie unsichtbare Bausteine, aus denen sich Deine Realität formt.
- Deine Sprache dient als Mittler zwischen Deinen Gedanken und der äußeren Welt.

Indem Du Deine Gedanken in Worte fasst und aussprichst, gibst Du ihnen eine konkrete Form und bringst sie in den manifestierten Zustand.

- Gleichzeitig beeinflusst auch Deine Sprache Deine Gedanken.

Indem Du bestimmte Worte und Ausdrücke verwendest, prägst Du Dein Denkmuster und beeinflusst Deine Wahrnehmung der Welt um Dich herum.

WIE DEINE SPRACHE DEINE GEDANKEN BEEINFLUSST UND UMGEKEHRT

- Die Art und Weise, wie Du über Dich selbst und Deine Umwelt sprichst, beeinflussen Deine Gedanken Dein Selbstbild.

Wenn Du Dich ständig negativ über Dich selbst oder Deine Fähigkeiten äußerst, verstärkst Du diese negativen Gedanken und blockierst positive Veränderungen.

- Indem Du bewusst positive Worte und Ausdrücke wählst, kannst Du Deine Gedanken in eine positive Richtung lenken und Dein Denken und Handeln entsprechend ausrichten.
- Gleichzeitig kannst Du Deine Gedanken und Deine Sprache beeinflussen.

Wenn Du positive und unterstützende Gedanken hast, wirst Du dazu neigen, sie in einer positiven und aufbauenden Sprache auszudrücken.

DIE BEDEUTUNG POSITIVER UND NEGATIVER WORTE UND DEREN AUSWIRKUNGEN AUF DEINE REALITÄT

- Worte haben eine immense Kraft. Sie können heilen, inspirieren, aber auch verletzen und begrenzen. Positive Worte und Ausdrücke haben die Kraft, Dich zu stärken, Deine Energie anzuheben und positive Veränderungen in Deinem Leben anzuziehen.
- Negative Worte und Ausdrücke hingegen können Dich schwächen, Deine Energie senken und Dich in begrenzenden Mustern festhalten.
- Indem Du bewusst auf Deine Wortwahl achten und positive Worte und Ausdrücke in Deinen Alltag integrierst, kannst Du Deine Gedanken in eine positive Richtung lenken und Deine Realität entsprechend beeinflussen.

ZUSAMMENFASSUNG UND AUSBLICK

- Die Verbindung zwischen Gedanken, Sprache und Realität ist von großer Bedeutung für die Gedankenmagie.
- Indem Du Deine Gedanken bewusst lenkst und positive Worte und Ausdrücke auswählst, kannst Du Deine Realität aktiv gestalten.
- Im nächsten Kapitel wirst Du Dich mit der Macht der Affirmationen und positiven Glaubenssätze befassen und lernen, wie Du sie effektiv in Deiner Gedankenmagie einsetzen kannst.

Die Macht der Affirmationen und positiven Glaubenssätze

Affirmationen und positive Glaubenssätze sind kraftvolle Werkzeuge in der Gedankenmagie, um Deine Gedankenmuster zu transformieren und positive Veränderungen in Deinem Leben herbeizuführen.

In diesem Kapitel wirst Du Dich intensiv mit ihrer Bedeutung und Anwendung beschäftigen.

DIE DEFINITION VON AFFIRMATIONEN UND IHRE FUNKTION IN DER GEDANKENMAGIE

- Affirmationen sind positive, bekräftigende Aussagen, die Du bewusst wiederholen, um positive Überzeugungen zu entwickeln und Deine Gedanken in eine positive Richtung zu lenken.
- Sie dienen dazu, negative Glaubenssätze zu überwinden, Dein Selbstbewusstsein zu stärken und Deine innere Einstellung zu verändern.
- Affirmationen helfen Dir, Deinen Fokus auf das Positive zu lenken und Dich auf das zu konzentrieren, was Du in Deinem Leben manifestieren möchtest.

DIE AUSWAHL UND FORMULIERUNG WIRKSAMER AFFIRMATIONEN

- Es ist wichtig, Affirmationen bewusst auszuwählen und auf Deine individuellen Bedürfnisse und Ziele abzustimmen.
- Affirmationen solltest Du in der Gegenwart formulieren, als ob das Gewünschte bereits eingetreten ist.

Zum Beispiel: „Ich bin voller Selbstvertrauen und strahle positive Energie aus."

- Affirmationen solltest Du positiv und bejahend formulieren, ohne Verneinungen oder negative Begriffe. Zum Beispiel: „Ich bin gesund und voller Energie" statt von „Ich werde nicht krank".

DER EINFLUSS VON GLAUBENSSÄTZEN AUF DEINE GEDANKENWELT UND REALITÄTSGESTALTUNG

- Deine Glaubenssätze sind tief verwurzelte Überzeugungen, die Du über Dich selbst und die Welt um Dich herum hast. Sie beeinflussen Deine Gedanken, Gefühle und Handlungen.
- Negative Glaubenssätze kannst Du in begrenzenden Mustern festhalten und Deine Realität einschränken.
- Durch die Verwendung von positiven Glaubenssätzen in Form von Affirmationen kannst Du Deine negativen Glaubenssätze transformieren und neue, unterstützende Überzeugungen entwickeln.

TECHNIKEN ZUR NEUPROGRAMMIERUNG DES UNTERBEWUSSTSEINS FÜR DEINE POSITIVE REALITÄTSVERÄNDERUNG

- Das Unterbewusstsein spielt eine entscheidende Rolle bei der Gestaltung Deiner Realität, da es unsere tief verwurzelten Glaubenssätze und Muster behält.
- Es gibt verschiedene Techniken, um das Unterbewusstsein zu beeinflussen und neue positive Glaubenssätze zu verankern, wie zum Beispiel die wiederholte Verwendung von Affirmationen, Visualisierungen und Hypnose.
- Die regelmäßige Praxis dieser Techniken ermöglicht es Dir, Deine negativen Überzeugungen zu überwinden und neue positive Denkmuster zu etablieren.

ZUSAMMENFASSUNG UND AUSBLICK

- In diesem Kapitel hast Du die Macht der Affirmationen und positiven Glaubenssätze in der Gedankenmagie erforscht. Du hast gelernt, dass Affirmationen positive, bekräftigende Aussagen sind, die Dir dabei helfen, negative Gedankenmuster zu überwinden und positive Veränderungen in Deinem Leben zu bewirken.

- Durch die bewusste Auswahl und Formulierung von Affirmationen kannst Du Deinen Fokus auf das Gewünschte lenken und Deine innere Einstellung positiv beeinflussen.

- Des Weiteren hast Du erkannt, dass Deine Glaubenssätze eine entscheidende Rolle spielen. Negative Glaubenssätze können Dich in begrenzenden Mustern festhalten und Deine Realität einschränken.

Durch die Verwendung von positiven Glaubenssätzen in Form von Affirmationen kannst Du Deine negativen Überzeugungen transformieren und neue, unterstützende Denkmuster entwickeln.

- Als nächstes wirst du Dich im folgenden Kapitel mit der Kraft der Visualisierung und Vorstellungskraft beschäftigen.

Du wirst lernen, wie Du Deine Gedanken mit Hilfe von bildlichen Vorstellungen und mentalen Bildern verstärken kannst, um Deine gewünschten Ziele und Realität zu manifestieren.

- Tauche mit mir ein in die faszinierende Welt der Visualisierung und erkunden wir, wie wir Deine Vorstellungskraft nutzen können, um Deine Realität bewusst zu gestalten und Deine Träume zu verwirklichen.

• *Die Rolle des Unterbewusstseins bei der Realitätsformung*

Das Unterbewusstsein spielt eine entscheidende Rolle bei der Gestaltung Deiner Realität.

Es ist ein mächtiger Teil Deines Geistes, der Deine Überzeugungen, Gewohnheiten und Emotionen speichert.

In diesem Kapitel wirst Du Dich genauer mit der Rolle des Unterbewusstseins bei der Realitätsformung befassen.

DIE NATUR DES UNTERBEWUSSTSEINS

- Das Unterbewusstsein ist der Teil Deines Geistes, der unterhalb Deiner bewussten Wahrnehmung arbeitet. Es ist eine Art „Datenspeicher", in dem Deine Erfahrungen, Erinnerungen und Überzeugungen gespeichert sind.
- Im Gegensatz zum bewussten Verstand ist das Unterbewusstsein nicht in der Lage, zwischen Realität und Vorstellungskraft zu unterscheiden.

Es akzeptiert alle Informationen, die ihm gegeben werden, als wahr und arbeitet daran, diese Informationen in Deiner Realität zu manifestieren.

DIE VERBINDUNG ZWISCHEN UNTERBEWUSSTSEIN UND REALITÄT

- Deine Überzeugungen und Gedankenmuster, die im Unterbewusstsein verankert sind, beeinflussen Deine Wahrnehmung der Realität und prägen Deine Handlungen.
- Wenn Du negative Glaubenssätze und Selbstzweifel im Unterbewusstsein trägst, werden wir diese in Deinem Denken und Handeln widerspiegeln und möglicherweise negative Erfahrungen und Ergebnisse in Deinem Leben manifestieren.
- Umgekehrt, wenn Du positive und unterstützende Überzeugungen im Unterbewusstsein verankerst, wirst Du in der Lage sein, Deine Gedankenmuster zu transformieren und eine positive Realität zu erschaffen.

DIE BEEINFLUSSUNG DES UNTERBEWUSSTSEINS

- Das Unterbewusstsein kann durch wiederholte Affirmationen, Visualisierungen und positive Gedankenmuster beeinflusst werden.
- Indem Du bewusst positive Informationen und Überzeugungen in Deinem Unterbewusstsein eingibst, kannst du alte, einschränkende Muster überschreiben und neue, positive Muster etablieren.
- Es ist **wichtig, Geduld und Ausdauer zu haben**, da die Veränderung im Unterbewusstsein Zeit kontinuierlich und Praxis erfordert.

TECHNIKEN ZUR PROGRAMMIERUNG DES UNTERBEWUSSTSEINS

- **Affirmationen:** Durch die regelmäßige Wiederholung positiver Affirmationen kannst Du neue positive Überzeugungen in dein Unterbewusstsein eingeben.
- **Visualisierung:** Indem Du Dich lebhaft und emotional mit Deinen gewünschten Zielen visualisierst, kannst Du das Unterbewusstsein auf eine neue Realität ausrichten.
- **Hypnose:** Durch die Nutzung von Hypnose oder Selbsthypnose kannst Du direkten Zugang zum Unterbewusstsein erhalten und neue positive Suggestionen verankern.

ZUSAMMENFASSUNG UND AUSBLICK

Das Unterbewusstsein ist ein mächtiger Teil Deines Geistes, der Deine Überzeugungen, Gedanken und Gewohnheiten speichert.

Es beeinflusst die Wahrnehmung der Realität und Deine Fähigkeit, positive Veränderungen in Deinem Leben zu manifestieren, indem Du bewusst positive Informationen und Überzeugungen in Deinem Unterbewusstsein hast.

KAPITEL 2: DIE KUNST DES BEWUSSTEN SPRECHENS MIT DEINEN GEDANKEN

- *Achtsamkeit und Bewusstsein im Umgang mit Deinen Gedanken*

Achtsamkeit und Bewusstsein spielen eine entscheidende Rolle im Umgang mit Deinen Gedanken. Sie ermöglichen es Dir, Deine Gedankenmuster zu erkennen, zu verstehen und bewusst zu lenken.

In diesem Kapitel wirst Du Dich intensiv mit der Bedeutung von Achtsamkeit und Bewusstsein im Umgang mit Deinen Gedanken auseinandersetzen.

DIE DEFINITION VON ACHTSAMKEIT UND BEWUSSTSEIN

- Achtsamkeit bezieht sich auf das bewusste Wahrnehmen und Akzeptieren des gegenwärtigen Augenblicks, ohne zu urteilen. Es ist eine gezielte Aufmerksamkeit für Deine Gedanken, Gefühle und körperlichen Empfindungen.
- Bewusstsein bezieht sich auf das Erkennen und Verstehen Deiner Gedanken, Überzeugungen und Handlungsmuster. Es geht darum, sich der inneren Prozesse bewusst zu sein und sie aktiv zu lenken.

DIE BEDEUTUNG VON ACHTSAMKEIT IM UMGANG MIT DEINEN GEDANKEN

- Durch Achtsamkeit kannst Du Deine Gedankenmuster erkennen und die Automatismen durchbrechen.

Du wirst Dir bewusst, wie Deine Gedanken Deinen emotionalen Zustand und Dein Handeln beeinflussen.

- Achtsamkeit hilft Dir dabei, negative Gedanken und Bewertungen zu erkennen und loszulassen. Dadurch kannst Du eine innere Balance und Gelassenheit entwickeln.

DIE ROLLE DES BEWUSSTSEINS IM UMGANG MIT DEINEN GEDANKEN

- Durch Bewusstsein kannst Du Muster und Überzeugungen erkennen, die Deinen Gedanken zugrunde liegen.
- Du kannst hinterfragen, ob diese Überzeugungen wirklich wahr und hilfreich sind oder ob sie Dich einschränken.
- Bewusstsein ermöglicht es Dir, bewusste Entscheidungen zu treffen und Deine Gedanken gezielt auf positive und unterstützende Bahnen zu lenken.
- Es hilft Dir auch dabei, Deine Aufmerksamkeit bewusst zu steuern und Dich auf das zu fokussieren, was für Dich wichtig ist.

ACHTSAMKEITS- UND BEWUSSTSEINSÜBUN GEN IM UMGANG MIT UNSEREN GEDANKEN

- **Tägliche Meditation:** Durch regelmäßige Meditation kannst Du Deine Achtsamkeit und Dein Bewusstsein stärken.

  Du lernst, Deine Gedanken zu beobachten, ohne Dich von ihnen mitreißen zu lassen.

- **Tagebuchführung:** Das Führen eines Gedankentagebuchs ermöglicht es Dir, Dein Gedankenmuster zu erkennen und zu reflektieren. Du kannst negative Gedanken identifizieren und alternative, positive Gedanken formulieren.

- **Atemübungen:** Durch bewusstes Atmen kannst Du Dich auf den gegenwärtigen Moment konzentrieren und Deine Gedanken zur Ruhe bringen.

ZUSAMMENFASSUNG UND AUSBLICK

Achtsamkeit und Bewusstsein sind essentielle Fähigkeiten im Umgang mit Deinen Gedanken.

Durch Achtsamkeit kannst Du Dir bewusst werden, wie Deine Gedanken Deine Realität beeinflussen.

Das Bewusstsein ermöglicht es Dir, Dein Gedankenmuster zu erkennen, zu hinterfragen und bewusste Entscheidungen zu treffen.

Im nächsten Kapitel wirst Du Dich mit dem Thema Visualisierung und Vorstellungskraft als kraftvolle Werkzeuge zur Realitätsformung beschäftigen.

Du wirst lernen, wie Du Deine Gedanken und Vorstellungen nutzen kannst, um Deine gewünschten Ziele und Realität bewusst zu erschaffen.

Tauche ein in die faszinierende Welt der Visualisierung und entdecke die Magie Deiner Vorstellungskraft.

● *Die Bedeutung einer positiven inneren Sprache*

Die Art und Weise, wie Du mit Dir selbst sprichst, beeinflusst maßgeblich Deine Gedanken, Gefühle und Handlungen.

Eine positive innere Sprache ist daher von großer Bedeutung für

Dein Wohlbefinden und Deine Realitätsformung.

In diesem Kapitel wirst Du Dich mit der Bedeutung einer positiven inneren Sprache auseinandersetzen.

DIE WIRKUNG DEINER INNEREN SPRACHE

- Deine innere Sprache besteht aus den Gedanken und Selbstgesprächen, die Du in Deinem Geist hast. Sie prägt Dein Selbstbild, Deine Emotionen und Deinen Handlungsspielraum.
- Eine negative innere Sprache, die von Selbstkritik, Zweifeln und negativen Bewertungen geprägt ist, kann Dein Selbstvertrauen schwächen und Dich in begrenzenden Denkmustern gefangen halten.
- Eine positive innere Sprache hingegen stärkt Dein Selbstbewusstsein, fördert ein positives Selbstbild und eröffnet Dir neue Möglichkeiten.

DIE AUSWIRKUNGEN EINER POSITIVEN INNEREN SPRACHE

- Eine positive innere Sprache unterstützt Dich dabei, Deine Stärken anzuerkennen und Dein Potenzial voll auszuschöpfen. Sie ermutigt Dich, an Dich selbst zu glauben und Deine Ziele zu verfolgen.
- Durch eine positive innere Sprache kannst Du Dein Gedankenmuster transformieren und negative Überzeugungen durch positive Affirmationen ersetzen.
- Eine positive innere Sprache fördert Dein gesundes Selbstwertgefühl und verbessert Deine emotionale Resilienz. Sie ermöglicht es Dir, Herausforderungen optimistisch anzugehen und Rückschläge als Chancen zur Weiterentwicklung zu sehen.

DIE ENTWICKLUNG EINER POSITIVEN INNEREN SPRACHE

- **Bewusstsein:** Der erste Schritt zur Entwicklung einer positiven inneren Sprache besteht darin, sich bewusst zu werden, wie Du mit Dir selbst sprichst. Du kannst Deine Gedanken beobachten und negative Selbstgespräche identifizieren.

- **Umkehrung negativer Aussagen:** Sobald Du Dich Deiner negativen Selbstgespräche bewusst bist, kannst Du sie umkehren und positive Aussagen formulieren.

Anstatt Dich selbst zu kritisieren, kannst Du Dich ermutigen und positive Affirmationen verwenden.

- **Wiederholung:** Es ist wichtig, Deine positive innere Sprache regelmäßig zu wiederholen und zu verstärken. Je öfter Du positive Aussagen wiederholen kannst, desto mehr werden sie zu Deinen dominanten Gedankenmustern.

DIE BEDEUTUNG EINER POSITIVEN ÄUSSEREN SPRACHE

- Unsere innere Sprache wird auch durch unsere äußere Sprache beeinflusst. Das bedeutet, dass Du nicht nur positiv mit Dir selbst sprechen solltest, sondern auch in Deinen Gesprächen mit anderen Menschen eine unterstützende und respektvolle Sprache verwenden solltest.
- Eine positive äußere Sprache kann Deine Beziehungen stärken, ein harmonisches Umfeld schaffen und die positiven Effekte unserer inneren Sprache weiter verstärken.

ZUSAMMENFASSUNG UND AUSBLICK

Eine positive innere Sprache hat einen starken Einfluss auf Dein Wohlbefinden, Deine Gedankenmuster und Deine Realitätsformung.

Indem Du Deine innere Sprache bewusst gestaltest und negative Selbstgespräche durch positive Affirmationen ersetzt, kannst Du Dein Selbstvertrauen stärken, Deine Ziele verfolgen und Deine positive Realität erschaffen. Eine positive innere Sprache geht Hand in Hand mit einer positiven äußeren Sprache und trägt zu einer unterstützenden und respektvollen Kommunikation mit anderen bei.

Im nächsten Kapitel wirst Du Dich mit der Kraft der Dankbarkeit und des positiven Denkens auseinandersetzen und erfahren, wie diese Deine Gedanken und Deine Realität weiter beeinflussen können.

- *Den inneren Dialog harmonisieren und in Einklang bringen*

Unser innerer Dialog, auch bekannt als **Selbstgespräche**, spielt eine wichtige Rolle in unserem täglichen Leben.

Er beeinflusst unsere Gedanken, Emotionen und Handlungen.

Oftmals kann dieser innere Dialog jedoch von Konflikten, Widersprüchen oder negativen Bewertungen geprägt sein.

In diesem Kapitel wirst Du Dich damit beschäftigen, wie Du Deinen inneren Dialog harmonisieren und in Einklang bringen kannst.

DIE BEDEUTUNG EINES HARMONISCHEN INNEREN DIALOGS

- Ein harmonischer innerer Dialog bedeutet, dass Deine Selbstgespräche im Einklang mit Deinen Zielen, Werten und Überzeugungen stehen. Es geht darum, eine unterstützende und positive innere Stimme zu entwickeln, die Dich ermutigt und motiviert.
- Ein disharmonischer innerer Dialog, der von Selbstzweifeln, inneren Konflikten oder negativen Bewertungen geprägt ist, kann dich blockieren, Deine Ziele zu erreichen und Dein volles Potenzial auszuschöpfen.

DIE ANALYSE DES INNEREN DIALOGS

- Der erste Schritt, um den inneren Dialog zu harmonisieren, besteht darin, Dir bewusst zu machen, welche Gedanken und Selbstgespräche in Deinem Geist stattfinden.
- Du kannst Deine Gedanken beobachten und sie auf ihre Ausrichtung, ihren Tonfall und ihre Wirkung hin analysieren. Sind sie unterstützend und positiv oder eher einschränkend und negativ!

DIE IDENTIFIKATION DISHARMONISCHER MUSTER

- Im nächsten Schritt gilt es, disharmonische Muster im inneren Dialog zu identifizieren. Dies können wiederkehrende negative Selbstgespräche, Selbstkritik oder innere Konflikte sein.
- Du kannst Dich fragen, welche Überzeugungen oder Ängste diesen disharmonischen Mustern zugrunde liegen und wie sie Dich daran hindern, Dein volles Potenzial zu entfalten.

DIE NEUAUSRICHTUNG DES INNEREN DIALOGS

- Um den inneren Dialog zu harmonisieren, kannst Du Dir bewusst positive Affirmationen und unterstützende Gedanken formulieren.

Diese positiven Selbstgespräche können Dich ermutigen, Deine Stärken anzuerkennen, an Dich selbst zu glauben und Dich auf Deine Ziele auszurichten.

- Es ist wichtig, die positiven Affirmationen regelmäßig zu wiederholen, um sie zu festigen und zu verinnerlichen. Auf diese Weise kannst Du Dein Unterbewusstsein neu programmieren und einen harmonischen inneren Dialog entwickeln.

DIE INTEGRATION VERSCHIEDENER ASPEKTE DES SELBST

- Oftmals entstehen disharmonische Selbstgespräche durch innere Konflikte zwischen verschiedenen Aspekten unseres Selbst, wie zum Beispiel zwischen unserem rationalen Verstand und unseren Emotionen.
- Es ist wichtig, diese verschiedenen Aspekte bewusst anzuerkennen und zu integrieren, um einen harmonischen inneren Dialog zu erreichen. Durch Selbstreflexion und Selbstakzeptanz kannst Du Deine inneren Konflikte auflösen und in Einklang mit Dir selbst kommen.

ZUSAMMENFASSUNG UND AUSBLICK

Ein harmonischer innerer Dialog ist entscheidend für Dein Wohlbefinden, Deine Selbstentwicklung und Deine Realitätsformung. Indem Du Deinen
inneren Dialog bewusst analysierst, disharmonische Muster identifizierst und durch positive Affirmationen und unterstützende Gedanken neu ausrichtest, kannst du Deinen inneren Dialog harmonisieren und in Einklang bringen.

Durch die Integration verschiedener Aspekte Deines Selbst kannst Du innere Konflikte auflösen und zu einer positiven und unterstützenden inneren Stimme gelangen.

Im nächsten Kapitel wirst Du Dich mit dem Thema der Selbstliebe und Selbstfürsorge beschäftigen. Du wirst lernen, wie Du Dich selbst bedingungslos lieben, für Dich sorgen und eine gesunde Beziehung zu Dir selbst aufbauen kannst. Die Selbstliebe spielt eine entscheidende Rolle in der Gestaltung Deiner Gedanken und Deiner Realität.

- *Die Kraft der Visualisierung und Vorstellungskraft nutzen*

Die Fähigkeit zur Visualisierung und Vorstellungskraft ist ein mächtiges Werkzeug, um Deine Gedanken und Deine Realität zu formen. Indem Du Dich bewusst auf positive Bilder, Vorstellungen und Emotionen fokussierst, kannst Du Deine Ziele verwirklichen und Deine gewünschte Realität erschaffen.

In diesem Kapitel wirst Du Dich damit beschäftigen, wie Du die Kraft der Visualisierung und Vorstellungskraft nutzen kannst.

DIE BEDEUTUNG DER VISUALISIERUNG UND VORSTELLUNGSKRAFT

- Visualisierung und Vorstellungskraft sind Techniken, die es Dir ermöglichen, Dir lebhaft und detailliert positive Szenarien, Ereignisse oder Zustände vorzustellen.
- **Indem Du Dich auf positive Bilder und Vorstellungen konzentrierst, aktivierst Du Dein Unterbewusstsein und sendest klare Signale an das Universum, welche Realität Du manifestieren möchtest.**

DIE SCHRITTE ZUR EFFEKTIVEN VISUALISIERUNG UND VORSTELLUNGSKRAFT

1. **Klare Ziele setzen:** Bevor Du mit der Visualisierung beginnst, ist es wichtig, klare Ziele zu definieren. Was genau möchtest Du erreichen oder manifestieren:

2. **Entspannung und Fokussierung:** Du schaffst einen ruhigen und entspannten Zustand, um Deine Vorstellungskraft zu aktivieren. Atemübungen, Meditation oder Entspannungstechniken können dabei helfen.

3. **Lebendige Vorstellungen:** Du stellst Dir Deine Ziele oder gewünschten Zustände so lebhaft und detailliert wie möglich vor.

   Du nutzt alle Deine Sinne, um die Emotionen und Empfindungen dieser Vorstellungen intensiv zu erleben.

4. **Wiederholung und Kontinuität:** Um die Kraft der Visualisierung zu nutzen, ist es wichtig, diese regelmäßig zu wiederholen und kontinuierlich an Deinen Zielen zu arbeiten. **Die Vorstellungskraft ist ein Muskel, der mit Übung gestärkt wird.**

5. **Glaube und Vertrauen:** Du vertraust darauf, dass

Deine Visualisierungen und Vorstellungen einen positiven Einfluss auf Deine Realität haben. Du glaubst, dass Du in der Lage bist, Deine Ziele zu erreichen und Deine gewünschte Realität zu manifestieren.

DIE VERBINDUNG VON VISUALISIERUNG UND HANDLUNG

- Visualisierung allein reicht nicht aus, um Deine Ziele zu erreichen. Es ist wichtig, die visualisierten Bilder und Vorstellungen in Handlungen umzusetzen. Du nutzt die visualisierten Szenarien als Inspiration und Motivation, um konkrete Schritte zu unternehmen.
- Durch die Kombination von Visualisierung und Handlung verankerst Du Deine Ziele fest in Deinem Unterbewusstsein und erschaffst eine kraftvolle Verbindung zwischen Deinen Gedanken und Deiner Realität.

DIE ÜBERWINDUNG VON ZWEIFELN UND BLOCKADEN

- Manchmal können Zweifel, Ängste oder Blockaden Deine Visualisierungspraxis behindern. In diesem Fall ist es wichtig, diese Hindernisse zu erkennen und bewusst daran zu arbeiten, sie zu überwinden.
- Positive Affirmationen, Unterstützung durch andere Menschen und das Arbeiten an Deinen Glaubenssätzen kann Dir dabei helfen, Deine Zweifel loszulassen und Deine Vorstellungskraft zu stärken.

DIE INTEGRATION VON EMOTIONEN IN DIE VISUALISIERUNG

- Emotionen spielen eine entscheidende Rolle bei der Visualisierung und Vorstellungskraft. **Es ist wichtig, sich nicht nur die Bilder und Szenarien lebhaft vorzustellen, sondern auch die damit verbundenen positiven Emotionen zu spüren.**

- Indem Du Dich mit Freude, Dankbarkeit und Begeisterung mit Deinen visualisierten Zielen verbindest, verstärkst Du die Wirkung Deiner Vorstellungskraft und ziehst positive Erfahrungen in Dein Leben.

DIE ERWEITERUNG DER VORSTELLUNGSKRAFT

- Unsere Vorstellungskraft ist grenzenlos. Du kannst sie nutzen, um nicht nur Deine persönlichen Ziele und Träume zu visualisieren, sondern auch um Dir eine bessere Welt, eine positive Zukunft oder heilende Energien für Dich selbst und andere vorzustellen.
- Indem Du Deine Vorstellungskraft erweitern und kollektive Visionen kreierst, kannst Du auch einen positiven Einfluss auf die Gesellschaft und die Welt um Dich herum haben.

DIE AUSRICHTUNG AUF DAS HIER UND JETZT

- Obwohl die Visualisierung und Vorstellungskraft Dir hilft, Deine gewünschte Realität zu formen, ist es wichtig, den Fokus auch auf das Hier und Jetzt zu richten.
- Wir sollten uns bewusst sein, dass das Leben im Moment stattfindet und dass unsere Handlungen im gegenwärtigen Augenblick einen direkten Einfluss auf unsere Zukunft haben.

ZUSAMMENFASSUNG UND AUSBLICK

Die Nutzung der Kraft der Visualisierung und Vorstellungskraft ermöglicht es Dir, Deine Ziele zu manifestieren und Deine gewünschte Realität zu erschaffen.

Indem Du Dir klare Ziele setzt, Dich auf positive Bilder und Vorstellungen fokussierst, diese regelmäßig wiederholst und mit Handlungen verbindest, kannst Du Dir Deine Vorstellungskraft stärken und positive Veränderungen in Deinem Leben bewirken.

Im nächsten Kapitel wirst Du Dich mit der Bedeutung von Resilienz und der Überwindung von Hindernissen auf Deinem Weg zur Realitätsformung befassen.

Du wirst lernen, wie Du Deine innere Stärke und Widerstandsfähigkeit stärken kannst, um auch in schwierigen Zeiten an Deinen Zielen festzuhalten und Deine gewünschte Realität zu verwirklichen.

KAPITEL 3: DIE SCHÖPFUNG DER GEWÜNSCHTEN REALITÄT

Das Gesetz der Anziehung ist ein fundamentales Prinzip, das **besagt, dass Du** in Deinem Leben **das anziehst, worauf Du Deine Aufmerksamkeit richtest und woran Du glaubst.**

In diesem Kapitel wirst Du Dich damit beschäftigen, wie Du das Gesetz der Anziehung verstehst und bewusst anwenden kannst, um Deine Realität zu formen.

DIE GRUNDLAGEN DES GESETZES DER ANZIEHUNG

- Das Gesetz der Anziehung basiert auf der Annahme, dass Deine Gedanken und Überzeugungen magnetische Energie aussenden und mit ähnlicher Energie in Resonanz gehen.
- Indem Du positive Gedanken, Gefühle und Überzeugungen kultivierst, ziehst du positive Erfahrungen, Menschen und Gelegenheiten in Dein Leben.

DIE BEWUSSTE GESTALTUNG DEINER GEDANKEN UND ÜBERZEUGUNGEN

- Um das Gesetz der Anziehung anzuwenden, ist es wichtig, Dir bewusst zu machen, welche Gedanken und Überzeugungen Du in Bezug auf Dich selbst, Deine Ziele und Deine Realität hast.
- Du kannst negative oder einschränkende Gedanken und Überzeugungen identifizieren und bewusst durch positive und unterstützende Erfahrungen ersetzen.

DIE KRAFT DER VISUALISIERUNG UND AFFIRMATIONEN

- Visualisierung und Affirmationen sind wirksame Werkzeuge, um das Gesetz der Anziehung zu unterstützen.

Indem Du Dir lebhaft und detailliert vorstellst, wie Du Deine Ziele erreichst und eine positive Realität erlebst, sendest Du klare Signale an das Universum.

- Positive Affirmationen helfen Dir dabei, unterstützende Gedanken und Überzeugungen zu verankern und Deine Energie auf das Gewünschte auszurichten.

DIE ROLLE DER DANKBARKEIT UND DES POSITIVEN DENKENS

- Dankbarkeit und positives Denken sind wesentliche Elemente, um das Gesetz der Anziehung zu nutzen.

Indem Du Dich auf das konzentrierst, wofür Du bereits dankbar bist, und positive Gedanken und Gefühle pflegst, verstärkst Du die magnetische Energie, die Du aussendest.

- Durch das Ausstrahlen von Dankbarkeit und positivem Denken ziehst Du mehr positive Erfahrungen und Fülle in Dein Leben.

DIE AUSRICHTUNG AUF DAS GEWÜNSCHTE UND DAS LOSLASSEN VON WIDERSTAND

- Um das Gesetz der Anziehung effektiv anzuwenden, ist es wichtig, Deinen **Fokus auf das Gewünschte zu richten** und gleichzeitig jeglichen Widerstand loszulassen.
- Indem Du Deine Aufmerksamkeit bewusst auf das lenkst, was Du erreichen möchtest, und gleichzeitig Zweifel, Ängste oder negative Gedanken loslässt, schaffst Du Raum für das Manifestieren Deiner Ziele.

DIE VERANTWORTUNG FÜR DEINE GEDANKEN UND EMOTIONEN ÜBERNEHMEN

- Das Gesetz der Anziehung erinnert uns daran, dass Du der Schöpfer Deiner Realität bist.

  Du trägst die Verantwortung für Deine Gedanken, Emotionen und Überzeugungen.

- Indem Du bewusst wählst, positive Gedanken zu pflegen und Dich auf das Gewünschte auszurichten, übernimmst Du die Verantwortung für die Gestaltung Deines Lebens.

ZUSAMMENFASSUNG UND AUSBLICK

Das Gesetz der Anziehung ist ein kraftvolles Prinzip, das Dir ermöglicht, Deine Realität bewusst zu gestalten.

Indem Du Deine Gedanken, Überzeugungen und Emotionen ausrichtest, ziehst Du entsprechende Erfahrungen und Möglichkeiten in Dein Leben. Das Verständnis und die bewusste Anwendung des Gesetzes der Anziehung eröffnet Dir die Möglichkeit, Deine Ziele zu manifestieren und ein erfülltes Leben zu erschaffen.

Im nächsten Kapitel wirst Du Dich mit der Bedeutung von Dankbarkeit und Fülle befassen.

Du wirst lernen, wie Du Deine Dankbarkeitspraxis stärkst und Dich auf die Fülle im Leben ausrichten kannst.

Dankbarkeit und Fülle sind Schlüsselaspekte, um die Energie des Universums anzuziehen und Deine gewünschten Erfahrungen zu manifestieren.

Die richtige Ausrichtung der Gedanken und Emotionen

Die Ausrichtung Deiner Gedanken und Emotionen spielt eine entscheidende Rolle bei der Manifestation Deiner Realität.

In diesem Kapitel wirst Du Dich damit beschäftigen, wie Du Deine Gedanken und Emotionen richtig ausrichten kannst, um Deine gewünschten Ergebnisse zu erreichen.

DIE MACHT DER POSITIVEN GEDANKEN

- Positive Gedanken sind ein wichtiger Schlüssel, um Deine Energie auf das Gewünschte auszurichten. Indem Du positive und unterstützende Gedanken kultivierst, ziehst Du positive Erfahrungen und Möglichkeiten in Dein Leben.
- Du kannst Deine negativen Gedanken bewusst identifizieren und durch positive Gegenüberstellungen und Affirmationen ersetzen.

DIE BEDEUTUNG VON POSITIVEN EMOTIONEN

- Emotionen dienen als Antriebskraft für Deine Manifestationen. Positive Emotionen wie Freude, Dankbarkeit, Begeisterung und Liebe verstärken die magnetische Energie, die Du aussendest.
- Du kannst bewusst positive Emotionen kultivieren, indem Du Dich auf positive Erlebnisse, Erfolge und unsere Vision konzentrierst.

DIE ROLLE DER SELBSTREFLEXION

- Selbstreflexion ermöglicht Dir, Deine Gedanken und Emotionen zu beobachten und zu bewerten. Indem Du Dir bewusst machst, wie Deine Gedanken und Emotionen auf Deine Realität wirken, kannst Du notwendige Anpassungen vornehmen.
- Durch die Selbstreflexion kannst Du auch negative Glaubenssätze, Muster und Blockaden erkennen und auflösen.

Die Auswirkung von Umgebung und Menschen

- Deine Umgebung und die Menschen, mit denen Du Dich umgibst, haben einen direkten Einfluss auf Deine Gedanken und Emotionen. **Negatives Umfeld und negative Menschen beeinflussen Deine Energie und Ausrichtung.**
- Es ist wichtig, dass Du Dich bewusst für eine unterstützende Umgebung und positive, inspirierende Menschen entscheidest, die Dich bei Deiner Ausrichtung auf das Gewünschte unterstützen.

DIE WICHTIGKEIT DER ACHTSAMKEIT

- Achtsamkeit hilft Dir dabei, bewusst im gegenwärtigen Moment zu sein und Deine Gedanken und Emotionen wahrzunehmen.

Durch die Praxis der Achtsamkeit kannst Du bewusster für Deine Ausrichtung und innere Zustände werden.

- Achtsamkeit ermöglicht Dir, negative Gedanken und Emotionen frühzeitig zu erkennen und sie bewusst loszulassen.

DIE KONTROLLE ÜBER UNSERE REAKTIONEN

- Unsere Reaktionen auf äußere Ereignisse und Situationen beeinflussen Deine Gedanken und Emotionen.

  Indem Du bewusst wählst, wie Du auf Herausforderungen reagierst, kannst Du Deine Ausrichtung auf das Positive und Gewünschte aufrechterhalten.

- Du hast die Kontrolle darüber, wie Du auf Situationen reagierst und welche Bedeutung Du ihnen gibst.

ZUSAMMENFASSUNG UND AUSBLICK

Die richtige Ausrichtung Deiner Gedanken und Emotionen ist entscheidend für die Manifestation Deiner Realität.

Durch die bewusste Wahl positiver Gedanken, die Kultivierung positiver Emotionen, die Selbstreflexion, die Auswahl einer unterstützenden Umgebung, die Praxis der Achtsamkeit und die bewusste Kontrolle Deiner Reaktionen kannst Du Deine Gedanken und Emotionen auf das Gewünschte ausrichten und positive Ergebnisse erzielen.

Im nächsten Kapitel wirst Du Dich mit dem Thema "Hindernisse überwinden und Durchhaltevermögen entwickeln" beschäftigen.

Du wirst lernen, wie Du Dich von Selbstzweifeln, Ängsten und anderen Hindernissen lösen kannst, um Deinen Weg zur Realitätsformung erfolgreich fortzusetzen.

Du wirst auch Techniken und Strategien kennenlernen, um Dein Durchhaltevermögen zu stärken und auch in schwierigen Zeiten an Deinen Zielen festzuhalten.

- *Blockaden und negative Denkmuster überwinden*

Blockaden und negative Denkmuster können Deine Fortschritte bei der Realitätsformung behindern.

In diesem Kapitel wirst Du Dich damit befassen, wie Du Blockaden erkennen und überwinden kannst, um Deinen Weg zur Manifestation Deiner gewünschten Realität freizumachen.

DIE IDENTIFIZIERUNG VON BLOCKADEN

- **Blockaden** können in Form von **Selbstzweifeln, Ängsten, negativen Glaubenssätzen und begrenzenden Überzeugungen** auftreten. Es ist wichtig, Dir bewusst zu machen, welche Blockaden Dich daran hindern, Deine Ziele zu erreichen.
- Du kannst Blockaden durch Selbstreflexion, ehrliches Hinterfragen Deiner Gedanken und die Beobachtung Deiner Reaktionen auf bestimmte Situationen identifizieren.

DIE ARBEIT AN BEGRENZENDEN GLAUBENSSÄTZEN

- Begrenzende Glaubenssätze sind Überzeugungen, die Dich einschränken und daran hindern, Dein volles Potenzial zu entfalten.
- Indem Du Dir bewusst machst, welche begrenzenden Glaubenssätze Du hast, kannst Du daran arbeiten, sie zu transformieren.
- Du kannst neue, unterstützende Glaubenssätze entwickeln und diese regelmäßig wiederholen, um Dein Denkmuster positiv zu beeinflussen.

DIE ÜBERWINDUNG VON SELBSTZWEIFELN

- **Selbstzweifel können Dich** daran **hindern**, Deine Ziele zu verfolgen und an Deine Fähigkeiten zu glauben.

Es ist wichtig, Dir bewusst zu machen, dass Selbstzweifel oft auf unrealistischen Erwartungen und Vergleichen mit anderen basieren.

- Indem Du Deine Erfolge und Stärken anerkennst, Dich auf positive Selbstgespräche konzentrierst und kleine Schritte des Fortschritts feierst, kannst Du Selbstzweifel überwinden und Selbstvertrauen aufbauen.

DIE BEWÄLTIGUNG VON ÄNGSTEN

- Ängste können Dich lähmen und Dich davon abhalten, Risiken einzugehen und neue Möglichkeiten zu erkunden.

Du kannst Ängste identifizieren, indem Du Dir bewusst machst, welche spezifischen Ängste uns zurückhalten.

- Durch schrittweise Exposition, das Eingehen von Herausforderungen und die Unterstützung durch Mentoren kannst Du die Ängste bewältigen und Dich von ihnen lösen.

DIE NUTZUNG VON TECHNIKEN WIE VISUALISIERUNG UND AFFIRMATIONEN

- Techniken wie Visualisierung und Affirmationen können Dich dabei unterstützen, Blockaden und negative Denkmuster zu überwinden. Indem Du Dir **positive Bilder und Szenarien vorstellst und unterstützende Affirmationen wiederholst, prägst Du Dein Unterbewusstsein um**.
- Diese Techniken helfen Dir dabei, neue Denkmuster zu etablieren und Deine Ausrichtung auf das Gewünschte zu stärken.

DIE UNTERSTÜTZUNG DURCH COACHING ODER THERAPIE

- In einigen Fällen kann es hilfreich sein, professionelle Unterstützung durch Coaching in Anspruch zu nehmen. **Ein erfahrener Coach kann Dir dabei helfen, Blockaden zu identifizieren**, sie zu überwinden und neue Denkmuster zu entwickeln.
- Durch die Arbeit mit einem Experten kannst Du tiefgreifende Transformationen erreichen und Hindernisse effektiv überwinden.

DIE INTEGRATION NEUER DENKMUSTER UND GEWOHNHEITEN

- Nachdem Du Blockaden und negative Denkmuster identifiziert und überwunden hast, ist es wichtig, neue positive Denkmuster und Gewohnheiten zu etablieren.

Dies erfordert **kontinuierliche** Praxis und **Wiederholung, um die neuen Denkmuster in Deinem Unterbewusstsein zu verankern.**

- Du kannst positive Affirmationen, Visualisierungen und bewusste Selbstgespräche nutzen, um Dich auf Deine gewünschten Ergebnisse auszurichten und positive Denkmuster zu verstärken.

DIE ROLLE DER SELBSTDISZIPLIN UND DES ENGAGEMENTS

- Die Überwindung von Blockaden erfordert Selbstdisziplin und ein starkes Engagement für persönliches Wachstum und Veränderung. Es ist wichtig, konsequent an Deinen Zielen zu arbeiten und Dich von Rückschlägen nicht entmutigen zu lassen.
- Durch das Setzen von klaren Zielen, die Schaffung eines strukturierten Plans und die regelmäßige Überprüfung Deiner Fortschritte kannst Du Deine Selbstdisziplin stärken und Dein Engagement aufrechterhalten.

DIE UNTERSTÜTZUNG DURCH EIN UNTERSTÜTZENDES UMFELD

- Ein unterstützendes Umfeld kann Dir dabei helfen, Blockaden zu überwinden und Deine Ziele zu erreichen.

Indem Du Dich mit Gleichgesinnten umgibst, die Dich unterstützen, ermutigen und inspirieren, kannst Du positive Veränderungen erreichen.

- Du kannst Dich in Gemeinschaften, Gruppen oder Netzwerken engagieren, die Deine Vision und Ziele teilen.

Der Austausch von Erfahrungen und die Unterstützung durch andere können Dir dabei helfen, Deine Fortschritte zu maximieren.

Die Überwindung von Blockaden und negativen Denkmustern ist ein kontinuierlicher Prozess. Es erfordert Selbstreflexion, Mut und Ausdauer, um alte Gewohnheiten und Überzeugungen zu überwinden und neue, positive Denkmuster zu etablieren.

Indem Du Dich auf Deine innere Stärke und Dein Potenzial konzentrierst, kannst Du Dich von Blockaden befreien und Deine Realität bewusst gestalten.

ZUSAMMENFASSUNG UND AUSBLICK

In diesem Kapitel hast Du dich intensiv mit der Überwindung von Blockaden und negativen Denkmustern auseinandergesetzt.

Du hast gelernt, wie Du Blockaden identifizierst, begrenzende Glaubenssätze transformierst, Selbstzweifel und Ängste bewältigst und positive Denkmuster etablieren kannst.

Die Integration neuer Denkmuster und Gewohnheiten, Selbstdisziplin, ein unterstützendes Umfeld und professionelle Unterstützung spielen dabei eine wichtige Rolle.

Im nächsten Kapitel wirst Du Dich mit dem Thema "Die Macht der Intention und das Loslassen" befassen und lernen, wie Du durch bewusste Absichten und das Loslassen von Kontrolle Deine Realität weiter formen kannst.

• Die Manifestation von Wünschen und Zielen durch bewusstes Sprechen mit den Gedanken

In diesem Kapitel wirst Du Dich damit befassen, wie Du durch bewusstes Sprechen mit Deinen Gedanken Deine Wünsche und Ziele manifestieren kannst.

Du wirst verstehen, wie Deine Worte und Gedanken Deine Realität formen und wie Du sie gezielt einsetzen kannst, um Deine gewünschten Ergebnisse zu erreichen.

DIE KRAFT DER POSITIVEN SPRACHE

- Positive Sprache hat eine transformative Kraft und kann Deine Gedanken und Emotionen positiv beeinflussen.

Indem Du Dich auf positive Formulierungen und Worte konzentrierst, sendest Du positive Schwingungen aus und ziehst entsprechende Erfahrungen in Dein Leben.

- Du kannst bewusst positive Worte und Formulierungen wählen, um Deine Wünsche und Ziele klar und kraftvoll zu kommunizieren.

DIE KUNST DER AFFIRMATIONEN

- Affirmationen sind positive Aussagen, die Du wiederholt aussprichst, um Dein Denkmuster zu beeinflussen, und Deine gewünschten Ergebnisse manifestierst.

Sie helfen Dir dabei, unterstützende Glaubenssätze zu etablieren und alte, limitierende Überzeugungen zu überwinden.

- Du kannst Affirmationen individuell anpassen und sie regelmäßig wiederholen, um Deine Gedanken und Dein Unterbewusstsein auf das Gewünschte auszurichten.

DIE BEDEUTUNG VON VISUALISIERUNG UND VORSTELLUNGSKRAFT

- Visualisierung und Vorstellungskraft sind kraftvolle Werkzeuge, um Deine Wünsche und Ziele zu manifestieren.

Indem Du Dir lebhaft und detailliert vorstellen kannst, wie es sich anfühlt, **Dein Ziel bereits erreicht zu haben**, aktivierst Du Dein Unterbewusstsein und ziehst die entsprechenden Erfahrungen an.

- Du kannst Dir regelmäßig Zeit nehmen, um in eine positive und lebendige Visualisierung einzutauchen und Deine Vorstellungskraft gezielt einsetzen.

DIE AUSRICHTUNG AUF DAS GEWÜNSCHTE

- Um Deine Wünsche und Ziele zu manifestieren, ist es wichtig, Deine Gedanken und Worte bewusst auf das Gewünschte auszurichten.

Indem Du Dich auf das positive Ergebnis fokussierst und Deine Aufmerksamkeit von Zweifeln und Ängsten ablenkst, verstärkst Du Deine Manifestationskraft.

- Du kannst Dich bewusst dafür entscheiden, Deine Gedanken und Worte in Einklang mit Deinen Zielen und Wünschen zu bringen und Dich von negativen Einflüssen abschirmen.

DIE VERBINDUNG VON GEDANKEN UND HANDLUNGEN

- Um Deine Wünsche und Ziele zu manifestieren, ist es wichtig, nicht nur in Gedanken zu sprechen, sondern auch in Handlungen umzusetzen.

  Deine Gedanken und Worte sollten mit entsprechenden Handlungen und Schritten in die gewünschte Richtung verbunden sein.

- Du kannst Deine Gedanken nutzen, um klare Handlungspläne zu entwickeln und diese Schritt für Schritt umzusetzen.

ZUSAMMENFASSUNG UND AUSBLICK

Die Manifestation von Wünschen und Zielen durch bewusstes Sprechen mit den Gedanken ist ein kraftvoller Prozess. Durch die bewusste Wahl positiver Sprache, die Anwendung von Affirmationen, Visualisierung und Vorstellungskraft sowie die bewusste Ausrichtung auf das Gewünschte kannst Du Deine Realität aktiv formen und Deine Ziele manifestieren. Die Verbindung von Gedanken und Handlungen ist dabei entscheidend, um Deine Wünsche in die Tat umzusetzen.

Im nächsten Abschnitt wirst Du Dich mit der Bedeutung von Dankbarkeit und Loslassen beschäftigen.

Du wirst verstehen, wie Dankbarkeit Deine Manifestationskraft stärkt und wie das Loslassen von Kontrolle und Widerstand Dir ermöglicht, den Fluss des Universums zu nutzen.

Darüber hinaus wirst Du Techniken kennenlernen, um diese Prinzipien in Deinen Alltag zu integrieren und Deine Manifestationspraxis zu vertiefen.

Indem Du bewusst mit Deinen Gedanken sprichst und Deine Sprache und Vorstellungskraft gezielt einsetzt, kannst Du Deine Wünsche und Ziele auf einer tieferen Ebene manifestieren.

Durch die bewusste Ausrichtung Deiner Gedanken und

Handlungen kannst Du die gewünschten Ergebnisse in Dein Leben ziehen und eine erfüllte und glückliche Realität erschaffen.

Du wirst im nächsten Kapitel tiefer in die Praxis der Dankbarkeit und des Loslassens eintauchen und lernen, wie Du diese Prinzipien in Deinen Alltag integrieren kannst, um Deine Manifestationskraft weiter zu stärken. Mit diesen Werkzeugen und Techniken bist Du bereit, Deine Realität bewusst zu gestalten und Deine Wünsche und Ziele zu manifestieren.

KAPITEL 4: DIE VERBINDUNG ZWISCHEN GEDANKEN UND HANDLUNGEN

- *Die Bedeutung der Handlungsebene in der Gedankenmagie*

In diesem Kapitel wirst Du Dich mit der Bedeutung der Handlungsebene in der Gedankenmagie befassen.

Du wirst verstehen, dass allein das Denken und Sprechen mit Deinen Gedanken nicht ausreicht, um Deine Realität zu formen.

Vielmehr spielt die Umsetzung Deiner Gedanken in konkrete Handlungen eine entscheidende Rolle, um Deine Ziele und Wünsche zu manifestieren.

DIE MACHT DER HANDLUNG

- Handlungen sind kraftvoll und haben die Fähigkeit, Deine Gedanken und Worte zu unterstützen und zu verstärken.

Indem Du Deine Gedanken in Handlungen umsetzt, sendest Du klare Signale an das Universum und setzt den Manifestationsprozess in Gang.

- Handlungen zeigen Dein Engagement und Deinen Glauben an Deine Ziele und Wünsche.

Sie sind ein Ausdruck Deiner Bereitschaft, die Verantwortung für Deine Realität zu übernehmen und aktiv an Deiner Gestaltung mitzuwirken.

DAS GESETZ VON URSACHE UND WIRKUNG

- Das Gesetz von Ursache und Wirkung besagt, dass jede Handlung eine entsprechende Reaktion oder Konsequenz nach sich zieht.

Durch bewusste Handlungen, die mit Deinen Zielen und Wünschen in Einklang stehen, setzt Du positive Ursachen, die zu positiven Wirkungen führen.

- Indem Du bewusst handelst, stellst Du sicher, dass Deine Handlungen mit Deinen Gedanken und Worten übereinstimmen.

Dadurch schaffst Du eine kohärente Energie, die Deine Manifestationskraft verstärkt.

DIE AUSRICHTUNG VON HANDLUNGEN AUF DEINE ZIELE

- Um Deine Ziele und Wünsche zu manifestieren, ist es wichtig, Deine Handlungen bewusst auf diese auszurichten.

Du kannst dich fragen, welche konkreten Schritte Du unternehmen kannst, um Deinen Zielen näherzukommen, und diese Schritte dann aktiv umsetzen.

- Durch die Ausrichtung Deiner Handlungen auf Deine Ziele signalisieren wir dem Universum Deine Entschlossenheit und Dein Vertrauen.

Dadurch öffnen sich neue Möglichkeiten und Ressourcen, die Dich bei der Verwirklichung Deiner Ziele unterstützen.

DIE INTEGRATION VON GEDANKEN, WORTEN UND HANDLUNGEN

- Die wahre Kraft entfaltet sich, wenn Gedanken, Worte und Handlungen in Harmonie und Übereinstimmung miteinander stehen.
- Wenn Du Deine Gedanken bewusst lenkst, sie in positive Worte und Affirmationen umsetzt und diese dann in konkrete Handlungen umwandelst, erzeugst Du eine starke Schwingung, die Deine Manifestationskraft verstärkt.
- Indem Du bewusst die Verbindung zwischen Deinen Gedanken, Worten und Handlungen herstellst, erschaffst Du eine kraftvolle Einheit, die Deine Realität formt und Dich auf dem Weg zu Deinen Zielen voranbringt.

ZUSAMMENFASSUNG UND AUSBLICK

Die Handlungsebene spielt eine entscheidende Rolle in der Gedankenmagie.

Allein durch das Denken und Sprechen mit Deinen Gedanken kannst Du Deine Realität nicht vollständig formen. Erst durch die Umsetzung Deiner Gedanken in konkrete Handlungen entfaltest Du die volle Manifestationskraft.

Die Macht der Handlungen liegt darin, dass sie Deine Gedanken und Worte unterstützen und verstärken.

Das Gesetz von Ursache und Wirkung zeigt Dir, dass jede Handlung eine entsprechende Reaktion oder Konsequenz nach sich zieht.

Durch bewusste Handlungen, die mit Deinen Zielen und Wünschen in Einklang stehen, setzt Du positive Ursachen, die zu positiven Wirkungen führen.

Es ist wichtig, Deine Handlungen bewusst auf Deine Ziele auszurichten.

Indem Du Dich fragst, welche konkreten Schritte Du unternehmen kannst, um Deinen Zielen näherzukommen, und diese Schritte dann aktiv umsetzt, signalisierst Du dem Universum Deine Entschlossenheit und Dein Vertrauen.

Die wahre Kraft entfaltet sich, wenn Gedanken, Worte und Handlungen in Harmonie und Übereinstimmung miteinander stehen.

Wenn Du Deine Gedanken **bewusst lenkst**, sie **in positive Worte und Affirmationen umsetzt** und **diese dann in konkrete Handlungen umwandelst, erzeugst Du eine starke Schwingung**, die Deine Manifestationskraft verstärkt.

Die Integration von Gedanken, Worten und Handlungen ermöglicht es Dir, eine kraftvolle Einheit zu schaffen, die Deine Realität formt und Dich auf dem Weg zu Deinen Zielen voranbringt.

Indem Du bewusst die Verbindung zwischen Deinen Gedanken, Worten und Handlungen herstellst, erschaffst Du eine Synergie, die Dich dabei unterstützt, Deine Träume und Ziele zu verwirklichen.

In den nächsten Kapiteln wirst Du Dich weiterhin mit der praktischen Anwendung der Gedankenmagie befassen und lernen, wie Du Deine Gedanken, Worte und Handlungen in Einklang bringen kannst, um Deine Realität bewusst zu gestalten.

Du wirst Werkzeuge und Techniken kennenlernen, die Dir dabei helfen, die volle Manifestationskraft zu entfalten und ein erfülltes Leben zu erschaffen.

Zusammenfassend kannst Du sagen, dass die Handlungsebene eine essentielle Rolle in der Gedankenmagie spielt.

Durch bewusste Handlungen setzet Du Deine Gedanken und Worte in die Tat um und verstärkst so Deine Manifestationskraft.

Indem Du Deine Handlungen auf Deine Ziele ausrichtest und Gedanken, Worte und Handlungen in Einklang bringst, erschaffst Du eine kraftvolle Einheit, die Dich dabei unterstützt, Deine Wünsche und Ziele zu verwirklichen.

• *Das Prinzip von Ursache und Wirkung*

Im Bereich der Gedankenmagie spielt das Prinzip von Ursache und Wirkung eine bedeutende Rolle.

Es besagt, dass jede Handlung oder jeder Gedanke eine entsprechende Reaktion oder Konsequenz nach sich zieht. Dieses Prinzip basiert auf dem Verständnis, dass es in unserem Universum eine natürliche Ordnung gibt, in der jede Aktion eine Reaktion hervorruft.

Die grundlegende Idee hinter dem Prinzip von Ursache und Wirkung ist, dass jede Ursache eine Wirkung hat und jede Wirkung eine Ursache hat.

Das bedeutet, dass Deine Gedanken, Worte und Handlungen nicht isoliert existieren, sondern in einem ständigen Austausch von Ursache und Wirkung stehen.

Wenn Du beispielsweise positive Gedanken hegst und positive Worte verwendest, wirst Du positive Auswirkungen in Deinem Leben erfahren.

Ähnlich verhält es sich mit negativen Gedanken, die negative Auswirkungen nach sich ziehen können.

Dieses Prinzip zeigt Dir, dass Deine Gedanken und Handlungen eine direkte Auswirkung auf Deine Realität haben.

Die bewusste Anwendung des Prinzips von Ursache und Wirkung ermöglicht es Dir, Deine Realität bewusst zu formen.

Indem Du Dich bewusst für positive Gedanken, Worte und Handlungen entscheidest, setzt Du positive Ursachen, die positive Wirkungen nach sich ziehen.

Du erkennst, dass Du selbst der Schöpfer Deiner Realität bist und die Verantwortung für Deine Handlungen und Gedanken trägst.

Um das Prinzip von Ursache und Wirkung effektiv zu nutzen, ist es wichtig, sich der eigenen Gedanken, Worte und Handlungen bewusst zu werden.

Durch Selbstreflexion kannst du erkennen, welche Ursachen Du in Deinem Leben setzt und welche Auswirkungen sie haben.

Dadurch erlangst Du die Möglichkeit, bewusste Veränderungen vorzunehmen und Deine Realität in die gewünschte Richtung zu lenken.

Es ist auch wichtig zu verstehen, dass das Prinzip von Ursache und Wirkung nicht nur auf die äußere Welt, sondern auch auf Deine innere Welt wirkt.

Deine Gedanken und Emotionen haben direkte Auswirkungen auf Dein Wohlbefinden, Deine Stimmung und Deine Wahrnehmung der Welt um Dich herum.

Indem Du positive Gedanken hegst und positive Emotionen kultivierst, kannst Du Dein inneres Wohlbefinden steigern und eine positive innere Welt erschaffen.

Zusammenfassend lässt sich sagen, dass das Prinzip von Ursache und Wirkung ein grundlegendes Konzept in der Gedankenmagie ist. Es besagt, dass Deine Gedanken, Worte und Handlungen direkte Auswirkungen auf Deine Realität haben.

Indem Du Dir der eigenen Gedanken und Handlungen bewusst wirst und bewusst positive Ursachen setzt, kannst Du die gewünschten Wirkungen in Deinem Leben erzielen.

Das Prinzip von Ursache und Wirkung gibt Dir die Möglichkeit, der Schöpfer Deiner Realität zu sein und bewusst die Veränderungen herbeizuführen, die Du Dir wünscht.

● *Die Ausrichtung von Gedanken, Worten und Taten auf dasselbe Ziel*

In der Gedankenmagie spielt die Ausrichtung von Gedanken, Worten und Taten auf dasselbe Ziel eine entscheidende Rolle.

Wenn Du Deine Gedanken, Deine Sprache und Deine Handlungen in Einklang bringst und sie auf dasselbe Ziel ausrichtest, entfaltest Du eine immense Manifestationskraft und kannst Deine gewünschte Realität bewusst formen.

DIE BEDEUTUNG DER AUSRICHTUNG

Die Ausrichtung Deiner Gedanken, Worte und Taten auf dasselbe Ziel ist von großer Bedeutung, da sie eine kohärente und kraftvolle Energie erzeugt.

Wenn Deine inneren Überzeugungen, Deine Sprache und Deine Handlungen in Harmonie miteinander stehen, sendest Du starke Signale an das Universum und ziehst entsprechende Erfahrungen und Möglichkeiten in Dein Leben.

Gedanken:

Deine Gedanken sind die Grundlage für Deine Realitätsgestaltung.

Indem Du Deine Gedanken bewusst lenkst und sie auf positive und konstruktive Weise ausrichtest, setzt Du die Grundlage für die Manifestation Deiiner Ziele und Wünsche.

Worte:

Die Worte, die Du wählst, haben eine große Kraft. Indem Du positive und unterstützende Worte verwendest, verstärkst Du Deine Gedanken und sendest klare Botschaften an das Universum.

Deine Worte sollten mit Deinen Zielen und Wünschen in

Übereinstimmung stehen, um eine kohärente Energie zu erzeugen.

Taten:

Handlungen sind der äußere Ausdruck Deiner inneren Welt.

Indem Du Deine Handlungen bewusst auf Dein Ziel ausrichtest, setzt Du die notwendigen Schritte, um es zu verwirklichen. Deine Handlungen sollten im Einklang mit Deinen Gedanken und Worten stehen und Deine Absicht klar zum Ausdruck bringen.

DIE SCHAFFUNG VON EINHEIT

Die Ausrichtung von Gedanken, Worten und Taten auf dasselbe Ziel schafft eine Einheit und erhöht die Manifestationskraft.

Wenn Deine inneren Überzeugungen, Deine Sprache und Deine Handlungen in harmonischem Einklang sind, erzeugst Du eine starke Resonanz, die Dich dabei unterstützt, Deine Ziele und Wünsche in die Realität umzusetzen.

Visualisierung:

Die bewusste Visualisierung Deines Ziels hilft Dir dabei, eine klare Vorstellung davon zu haben und es mit positiven Emotionen zu verbinden.

Indem Du Dir regelmäßig vorstellst, wie es ist, Dein Ziel erreicht zu haben, verstärkst Du die Ausrichtung Deiner Gedanken, Worte und Taten auf dieses Ziel.

Affirmationen:

Positive Affirmationen sind kraftvolle Aussagen, die Deine Gedanken und Dein Unterbewusstsein prägen. Durch die wiederholte Verwendung von Affirmationen, die mit Deinem Ziel im Einklang stehen, verstärkst Du die Ausrichtung Deiner Sprache auf dieses Ziel.

Handlungen:

Um Dein Ziel zu erreichen, musst Du aktiv handeln. Indem Du bewusst Schritte unternimmst, die Dich näher an Dein Ziel bringen, verstärkst Du die Ausrichtung Deiner Taten auf dieses Ziel.

Die Ausrichtung von Gedanken, Worten und Taten auf dasselbe Ziel erzeugt eine kraftvolle Resonanz, die es Dir ermöglicht, Deine Realität bewusst zu gestalten. Wenn Deine Gedanken, Worte und Taten auf dasselbe Ziel ausgerichtet sind, entsteht eine kohärente Energie, die Dich dabei unterstützt, Deine Wünsche und Ziele effektiv zu manifestieren.

Die Ausrichtung beginnt mit dem klaren Verständnis Deiner Ziele und Wünsche.

Indem Du Dir bewusst machst, was Du erreichen möchtest und warum es für Dich wichtig ist, legst Du den Grundstein für eine gezielte Ausrichtung.

Es ist hilfreich, Deine Ziele regelmäßig zu überprüfen und sicherzustellen, dass sie Deinen wahren Wünschen und Werten entsprechen.

Die Ausrichtung Deiner Gedanken beginnt mit der bewussten Lenkung Deiner Aufmerksamkeit.

Indem Du Deine Gedanken auf positive und konstruktive Aspekte Deines Ziels lenkst und negative oder limitierende Gedanken bewusst loslässt, verstärkst Du die Ausrichtung Deiner mentalen Energie auf das Gewünschte.

Die Ausrichtung Deiner Worte bedeutet, bewusst eine positive und unterstützende Sprache zu verwenden. Du solltest Dich darauf konzentrieren, Deine Ziele und Wünsche mit positiven und kraftvollen Worten zu beschreiben.

Indem Du Dir selbst ermutigende Aussagen machst und Deine Ziele mit Zuversicht und Glauben aussprichst, verstärkst Du die Ausrichtung Deiner verbalen Ausdrucksweise.

Die Ausrichtung Deiner Taten besteht darin, bewusst Schritte zu unternehmen, die Dich Denem Ziel näherbringen.

Du solltest Handlungen ergreifen, die im Einklang mit Deinen Zielen stehen und Deine Absicht deutlich zum Ausdruck bringen. Jede Handlung, die Du setzt, sollte bewusst darauf ausgerichtet sein, Dein Ziel zu unterstützen und Dich in die gewünschte Richtung zu führen.

Die regelmäßige Praxis der Ausrichtung von Gedanken, Worten und Taten auf dasselbe Ziel stärkt Deine Manifestationskraft und hilft Dir dabei, Deine Realität bewusst zu gestalten.

Durch die Schaffung einer kohärenten Energie, die von innerer Überzeugung und Handlungsbereitschaft getragen wird, ziehst du die erforderlichen Ressourcen, Gelegenheiten und Menschen an, die Dich bei der Verwirklichung Deiner Ziele unterstützen.

In der nächsten Phase unserer Reise der Gedankenmagie wirst Du spezifische Techniken und Übungen kennenlernen, die Dir dabei helfen, Deine Gedanken, Worte und Taten bewusst auf dasselbe Ziel auszurichten.

Du wirst lernen, wie Du Hindernisse und Ablenkungen überwinden kannst, um Deinen Fokus auf das Wesentliche zu halten.

Durch die konsequente Anwendung dieser Prinzipien wirst Du in der Lage sein, Deine Realität auf eine Weise zu formen, die

Deinen tiefsten Wünschen und Träumen entspricht.

Zusammenfassend lässt sich sagen, dass die Ausrichtung von Gedanken, Worten und Taten auf dasselbe Ziel eine essentielle Praxis in der Gedankenmagie ist.

Sie ermöglicht es Dir, eine kohärente und kraftvolle Energie zu erzeugen, die Dich bei der Manifestation Deiner Ziele und Wünsche unterstützt. Durch die bewusste Ausrichtung schaffst Du eine Einheit in Deinem Denken, Sprechen und Handeln, was Dir dabei hilft, Deine gewünschte Realität zu formen.

Es ist wichtig zu erkennen, dass Deine Gedanken, Worte und Taten eine gegenseitige Beeinflussung haben. Indem Du Deine Gedanken bewusst auf Deine Ziel ausrichtest, schaffst Du eine positive mentale Grundlage, die Dich dazu ermutigt, die entsprechenden Worte zu wählen und die erforderlichen Handlungen zu setzen.

Gleichzeitig unterstützen positive Worte und Handlungen wiederum die Stärkung Deiner positiven Gedanken.

Um die Ausrichtung von Gedanken, Worten und Taten auf dasselbe Ziel zu erreichen, ist Achtsamkeit von großer Bedeutung.

Du solltest Dich bewusst beobachten und die Qualität Deiner Gedanken, die Art Deiner Sprache und die Art Deiner Handlungen regelmäßig überprüfen.

Wenn Du feststellst, dass sie nicht im Einklang mit Deinen Zielen stehst, kannst Du bewusst Korrekturen vornehmen und Dich neu ausrichten.

Die Praxis der Achtsamkeit ermöglicht es Dir auch, Deine Denkmuster und Glaubenssätze zu erkennen, die Dich möglicherweise daran hindern, eine optimale Ausrichtung zu erreichen.

Indem Du Dir Deiner negativen Denkmuster bewusst wirst, kannst Du daran arbeiten, sie zu transformieren und positive Überzeugungen zu entwickeln, die Dich bei Deiner Ausrichtung unterstützen.

Bewusstsein spielt ebenfalls eine wichtige Rolle bei der Ausrichtung von Gedanken, Worten und Taten.

Indem Du Dir bewusst wirst, wie Du denkst, sprichst und handelst, kannst Du eine bewusstere Wahl treffen und sicherstellen, dass Du auf Dein gewünschtes Ziel eingehst.

Dies erfordert eine kontinuierliche Selbstreflexion und eine regelmäßige Überprüfung Deiner inneren und äußeren Ausdrucksweisen.

Die Ausrichtung von Gedanken, Worten und Taten auf dasselbe Ziel ist ein dynamischer Prozess.

Es erfordert Übung und Hingabe, um eine kohärente und kraftvolle Energie aufrechtzuerhalten.

Durch regelmäßige Rituale und Praktiken wie Meditation, Affirmationen und Visualisierung kannst Du Deine Ausrichtung verstärken und Deine Manifestationskraft weiterentwickeln.

In der fortgeschrittenen Phase der Gedankenmagie wirst Du weitere fortgeschrittene Techniken kennenlernen, um Deine Ausrichtung zu verfeinern und noch gezieltere Ergebnisse zu erzielen.

Du wirst lernen, wie Du Deine Energie auf das Wesentliche fokussierst und Hindernisse überwinden kannst, die Dich von

Deiner optimalen Ausrichtung abhalten.

Die bewusste Ausrichtung von Gedanken, Worten und Taten auf dasselbe Ziel ermöglicht es Dir, Deine Realität aktiv und bewusst zu gestalten.

Sie stärkt unsere Manifestationskraft und hilft Dir dabei, Deine Ziele und Wünsche zu verwirklichen. Indem Du Deine Achtsamkeit und Dein Bewusstsein in Bezug auf Deine Gedanken, Worte und Handlungen schärfst, kannst Du eine tiefe Einheit in Deinem Inneren herstellen und unsere Realität auf eine harmonische Weise formen.

In den kommenden Abschnitten wirst Du Dich mit weiteren Aspekten der Ausrichtung von Gedanken, Worten und Taten befassen.

Du wirst lernen, wie Du Deine innere Stimme stärkst und den inneren Dialog harmonisieren kannst, um eine noch größere Kohärenz zu erreichen.

Außerdem wirst Du Dich mit der Kraft der Visualisierung und Vorstellungskraft auseinandersetzen, um Deine Ausrichtung auf das gewünschte Ziel zu intensivieren.

Ein weiterer wichtiger Aspekt ist die bewusste Nutzung des Gesetzes der Anziehung. Indem Du Deine Gedanken, Worte und Taten auf das Positive und Gewünschte ausrichtest, ziehst Du entsprechende Erfahrungen und Situationen in Dein Leben.

Das Gesetz der Anziehung besagt, dass Gleiches Gleiches anzieht, daher ist es von großer Bedeutung, Deine Ausrichtung bewusst auf das anzuziehen, was Du dir wünscht.

Um eine optimale Ausrichtung zu erreichen, ist es auch wichtig, Deine Gedanken und Emotionen in Einklang zu bringen.

Negative Emotionen und Zweifel können Dich von Deiner Ausrichtung abbringen und hinderlich sein. Durch bewusste Achtsamkeit und den Einsatz von Techniken wie Meditation kannst Du Deine Emotionen besser steuern und Deine Gedanken auf eine positive und unterstützende Art und Weise ausrichten.

Des Weiteren ist es entscheidend, negative Denkmuster und Blockaden zu überwinden, die Dich daran hindern, eine optimale Ausrichtung zu erreichen.

Indem Du Dich bewusst mit Deinen tief verwurzelten Überzeugungen und Gedanken auseinandersetzt und diese transformierst, kannst Du Dich von einschränkenden Mustern befreien und Deine Ausrichtung auf ein höheres Niveau bringen.

Die Manifestation von Wünschen und Zielen erfolgt durch bewusstes Sprechen mit den Gedanken.

Indem Du Deine inneren Dialoge bewusst auf das Gewünschte ausrichtest und positive Affirmationen verwendest, verstärkst Du die Manifestationskraft Deiner Gedanken und unterstützt die Realisierung Deiner Ziele.

Die Bedeutung der Handlungsebene in der Gedankenmagie darf nicht unterschätzt werden. Es reicht nicht aus, nur positive Gedanken zu haben und positive Worte zu sprechen. Es ist auch wichtig, entsprechende Handlungen zu setzen, die Dich Deinem Ziel näher bringen.

Handlungen sind der äußere Ausdruck Deiner inneren Welt und tragen maßgeblich zur Manifestation bei.

Abschließend lässt sich sagen, dass die Ausrichtung von Gedanken, Worten und Taten auf dasselbe Ziel eine zentrale Praxis in der Gedankenmagie ist. Durch die bewusste

Ausrichtung schaffst Du eine Einheit in Deinem Denken, Sprechen und Handeln, die Dich dabei unterstützt, Deine gewünschte Realität zu formen.

Die Praxis erfordert Achtsamkeit, Bewusstsein und eine konsequente Anwendung von Techniken und Übungen. Indem Du Deine Ausrichtung weiterentwickelst, kannst du Deine Manifestationskraft stärken und Deine Ziele und Wünsche erfolgreich verwirklichen.

● Die Integration von Gedankenmagie in den Alltag

Die Integration von Gedankenmagie in den Alltag ist entscheidend, um die transformative Kraft dieser Praktiken voll auszuschöpfen und sie zu einem natürlichen Bestandteil unseres Lebens zu machen.

Es geht darum, die erlernten Konzepte und Techniken in Deinen verschiedenen Bereichen unseres Alltags umzusetzen und sie zu einer gewohnheitsmäßigen Art des Denkens, Sprechens und Handelns zu machen.

Ein erster Schritt zur Integration besteht darin, das Bewusstsein für Deine Gedanken zu schärfen.

Du kannst regelmäßige Momente der Achtsamkeit einbauen, um Dir bewusst zu werden, welche Gedanken in Deinem Geist auftauchen.

Indem Du Dir der Qualität Deiner Gedanken bewusst wirst, kannst Du gezielt positive und konstruktive Gedanken wählen und negative oder begrenzende Gedanken transformieren.

Ein weiterer wichtiger Aspekt ist die Integration von bewusster Sprache.

Du kannst darauf achten, positive und unterstützende Worte zu wählen, sowohl in Deinen inneren Dialogen als auch in Deiner Kommunikationen mit anderen. Durch die bewusste Auswahl Deiner Worte kannst du Deine positive und aufbauende Energie erzeugen und damit Deine Ausrichtung auf Deine gewünschte Realität stärken.

Die Integration von Gedankenmagie in den Alltag beinhaltet auch die Verankerung von Ritualen und Praktiken.

Indem Du regelmäßige Rituale wie Meditation, Affirmationen oder Visualisierung in Deinen Tagesablauf einbaust, schaffst Du bewusste und kraftvolle Momente, in denen Du Deine Ausrichtung verstärken und Deine Manifestationskraft aktivieren kannst.

Diese Rituale dienen dazu, Dich immer wieder daran zu erinnern, Deine Gedanken bewusst auf das Gewünschte auszurichten und Deine innere Welt zu stärken.

Eine weitere Möglichkeit der Integration besteht darin, Gedankenmagie in Deine Handlungen einzubeziehen. Indem Du Deine Handlungen bewusst auf Deine Ziele und Wünsche ausrichtest, setzt Du eine kraftvolle Energie frei und schaffst die Grundlage für die Manifestation.

Jede Handlung wird zu einem bewussten Schritt auf dem Weg zur Verwirklichung Deiner Träume.

Es ist auch wichtig, Dich mit Gleichgesinnten zu umgeben und Dich in einer unterstützenden Gemeinschaft zu engagieren.

Der Austausch mit anderen, die ebenfalls Gedankenmagie praktizieren, kann Dich inspirieren, motivieren und Dir dabei helfen, die Integration in Deinen Alltag zu erleichtern.

Ihr könnt Euch gegenseitig unterstützen, Erfahrungen teilen und neue Einsichten gewinnen.

Die Integration von Gedankenmagie in den Alltag erfordert Zeit, Hingabe und kontinuierliche Übung. Es ist ein Prozess der persönlichen Transformation und Selbstentwicklung. Mit der Zeit werden die Konzepte und Techniken der Gedankenmagie immer natürlicher und automatischer in Deinem Denken, Sprechen und Handeln.

Sie werden zu einem Teil Deiner inneren Haltung und prägen positiv Deine Erfahrungen und Realität.

Die wahre Kraft der Gedankenmagie liegt in ihrer Anwendung im Alltag. Indem Du sie in Deinen Alltag integrierst, kannst du das volle Potenzial Deiner Gedanken und Deiner Manifestationskraft entfalten.

KAPITEL 5: HERAUSFORDERUNGEN UND HINDERNISSE AUF DEM WEG

- *Die Bedeutung von Geduld und Ausdauer*

Die Bedeutung von Geduld und Ausdauer in der Gedankenmagie kann nicht genug betont werden. Oftmals erwartest Du sofortige Ergebnisse und schnelle Veränderungen, wenn Du Deine Gedanken und Ausrichtung bewusst veränderst.

Doch die Realität ist, dass der Prozess der Manifestation Zeit und kontinuierliche Anstrengung erfordert.

Geduld ist der Schlüssel, um den Glauben an Deine Ziele aufrechtzuerhalten, auch wenn sich äußere Umstände nicht sofort verändern.

Es ist wichtig zu verstehen, dass Deine Gedanken und Energie Zeit brauchen, um sich in der äußeren Realität zu manifestieren. Ähnlich wie ein Samen, der in die Erde gepflanzt wird, braucht es Zeit, um zu keimen, zu wachsen und schließlich Früchte zu tragen.

Geduld ermöglicht es Dir, dem Prozess der Manifestation zu vertrauen und Deine Ausrichtung aufrechtzuerhalten, auch wenn sich zunächst keine sichtbaren Ergebnisse zeigen.

Es ist eine Einladung, Dich in Geduld zu üben und daran zu glauben, dass Deine Absichten und positiven Gedanken Deine Wirkung entfalten werden, auch wenn es manchmal länger dauert als erwartet.

Ausdauer ist eine weitere entscheidende Eigenschaft, um die gewünschten Veränderungen in Deinem Leben zu erreichen. Es ist wichtig, kontinuierlich an Deinen Zielen und Wünschen zu arbeiten, auch wenn Hindernisse auftreten oder Rückschläge eintreten. Ausdauer ermöglicht es uns, uns immer wieder aufzurappeln und weiterzugehen, auch wenn es schwierig wird.

Die Gedankenmagie erfordert eine konsequente und beharrliche Anwendung der erlernten Techniken und Prinzipien. Es ist eine tägliche Praxis, bei der Du Deine Gedanken und Ausrichtung bewusst steuerst und positive Veränderungen in Deinem Leben herbeiführst. Durch Ausdauer bleibst Du fokussiert und bleibst auf Kurs, selbst wenn sich der Weg steinig anfühlt.

Es ist wichtig zu verstehen, dass der Prozess der Manifestation nicht immer linear verläuft. Es kann Höhen und Tiefen geben, Fortschritte und Rückschritte. Doch mit Geduld und Ausdauer kannst Du Dich von Rückschlägen nicht entmutigen lassen, sondern sie als Lektionen und Chancen zur Weiterentwicklung betrachten.

Geduld und Ausdauer gehen Hand in Hand mit Vertrauen und Selbstvertrauen. Wenn Du geduldig und beharrlich an Deinen Zielen arbeitest, stärkst Du Dein Vertrauen in Deine Fähigkeiten und die Kraft Deiner Gedanken.

Wir lernst, dass Du Schöpfer Deiner Realität bist und dass Du durch Deinen Fokus und Deine Ausrichtung nachhaltige Veränderungen bewirken kannst.

Die Bedeutung von Geduld und Ausdauer liegt nicht nur darin, Deine Ziele zu erreichen, sondern auch in der persönlichen Entwicklung, die Du während des Prozesses durchläufst.

Du lernst, Dich selbst besser kennenzulernen, Deine Stärken zu nutzen und Deine Grenzen zu überwinden. Geduld und Ausdauer sind somit essentielle Eigenschaften, um sowohl in der Gedankenmagie als auch im Leben allgemein erfolgreich zu sein.

Es ist wichtig zu erkennen, dass Geduld und Ausdauer keine passiven Eigenschaften sind, sondern aktive Entscheidungen, die Du bewusst treffen kannst.

Du kannst Dich dafür entscheiden, geduldig und beharrlich zu sein, auch wenn es schwerfällt oder Hindernisse auftreten.

Indem Du Dich auf diese Eigenschaften fokussierst, stärkst Du Deine mentale Ausdauer und Dein Durchhaltevermögen.

Um Geduld und Ausdauer zu kultivieren, kannst Du Dir unterstützende Gewohnheiten und Strategien aneignen.

Dazu gehört zum Beispiel die regelmäßige Reflexion und Überprüfung unserer Ziele und Fortschritte. Indem Du Dir bewusst machst, wie weit Du bereits gekommen bust und welche Erfolge Du bereits erzielt hast, kannst Du Dich motivieren und Deine Geduld stärken.

Es kann auch hilfreich sein, Dich an inspirierenden Geschichten und Beispielen von Menschen zu orientieren, die durch Geduld und Ausdauer große Erfolge erzielt haben.

Durch das Studium ihrer Erfahrungen kannst du lernen, dass der Weg zum Erfolg oft von Hindernissen und Rückschlägen geprägt ist, aber durch den Glauben an Dich selbst und das Festhalten an den eigenen Zielen überwunden werden kann.

Darüber hinaus kannst Du Dich mit einer unterstützenden Gemeinschaft umgeben, die Dich ermutigt und motiviert.

Der Austausch mit Gleichgesinnten, die ähnliche Ziele verfolgen, kann Dir Kraft und Inspiration geben, um Deinen Weg fortzusetzen.

Gemeinsame Rituale, wie zum Beispiel regelmäßige Treffen oder gemeinsames Visualisieren der Ziele, kann uns zusätzlich stärken und Deine Ausdauer stärken.

Die Bedeutung von Geduld und Ausdauer zeigt sich letztendlich in den Ergebnissen, die Du durch kontinuierliche Anstrengungen erzielst. Indem Du geduldig an Deinen Zielen arbeitest und Ausdauer zeigst, öffnest Du dich für eine Vielzahl von Möglichkeiten und ermöglichst es Dir, Deine Visionen und Träume zu verwirklichen.

In der Gedankenmagie ist Geduld und Ausdauer von besonderer Bedeutung, da der Prozess der Realitätsformung Zeit und kontinuierliche Praxis erfordert. Es geht darum, geduldig an Deinen Gedanken und Deiner Ausrichtung zu arbeiten, um nachhaltige Veränderungen in Deinem Leben zu bewirken.

Abschließend sind Geduld und Ausdauer ein wesentlicher Bestandteil des Erfolgs in der Gedankenmagie und im Leben insgesamt. #Es ist eine Entscheidung, die Du bewusst treffen kannst, um Deine Ziele zu verfolgen und Deine Träume zu verwirklichen. Indem Du Dich auf diese Eigenschaften fokussierst und sie in Deinen Alltag integrierst, kannst Du Deine mentale Stärke stärken und Deine Fähigkeit zur Manifestation und persönlichen Entwicklung erweitern.

• Umgang mit Zweifeln und Ängsten

Der Umgang mit Zweifeln und Ängsten ist ein wichtiger Aspekt bei der Anwendung der Gedankenmagie. Oftmals können Zweifel und Ängste Deine positiven Gedanken und Ausrichtung sabotieren und Dich davon abhalten, Deine Ziele zu erreichen.

Es ist daher entscheidend, Strategien zu entwickeln, um mit Deinen negativen Emotionen umzugehen und sie zu überwinden.

Der erste Schritt besteht darin, sich der eigenen Zweifel und Ängste bewusst zu werden.

Indem Du sie erkennst und benennst, nimmst Du ihnen schon einen Teil ihrer Macht.

Es kann hilfreich sein, diese Gefühle aufzuschreiben oder mit vertrauten Personen darüber zu sprechen, um Klarheit zu erlangen.

Ein wichtiger Ansatzpunkt ist es, die Ursachen der Zweifel und Ängste zu identifizieren. Oftmals sind es tief verwurzelte Überzeugungen oder negative Erfahrungen aus der Vergangenheit, die Dich beeinflussen.

Durch die bewusste Reflexion und das Hinterfragen dieser Ursachen kannst du beginnen, negative Denkmuster zu durchbrechen und neue positive Glaubenssätze zu etablieren.

Es ist auch wichtig, Dich mit positiven Erfahrungen und Erfolgsgeschichten zu umgeben.

Indem Du Dir inspirierende Beispiele ansiehst oder mit Menschen sprichst, die ähnliche Herausforderungen überwunden haben, kannst Du Deinen Glauben stärken und Deine Zweifel relativieren.

Diese Geschichten erinnern Dich daran, dass auch Du in der Lage bist, Deine Ängste zu überwinden und Deine Ziele zu erreichen.

Eine wirksame Methode, um Zweifel und Ängste zu überwinden, ist die bewusste Umkehrung negativer Gedanken. Anstatt Dich auf das Negative zu konzentrieren und Dich von Zweifeln und Ängsten überwältigen zu lassen, kannst Du bewusst positive Gedanken und Affirmationen einsetzen. Indem Du Dir wiederholt positive Sätze sagst wie "Ich vertraue auf meine Fähigkeiten" oder "Ich bin mutig und stark", kannst du Deine Überzeugungen neu programmieren und Deine Selbstzweifel allmählich überwinden.

Die Praxis der Achtsamkeit ist ein weiteres hilfreiches Werkzeug im Umgang mit Zweifeln und Ängsten.

Indem Du Dich bewusst auf den gegenwärtigen Moment konzentrierst und Deine Gedanken und Emotionen beobachtest, kannst du erkennen, wann Zweifel oder Ängste aufkommen. Anstatt Dich von ihnen mitreißen zu lassen, kannst Du lernen, sie als vorübergehende Gedanken und Gefühle zu betrachten, ohne Dich von ihnen beeinflussen zu lassen.

Zusätzlich kann es unterstützend sein, sich auf die eigenen Stärken und Erfolge zu konzentrieren. Indem Du Dich an vergangene Erfolge erinnerst und Deine Stärken bewusst wahrnimmst, stärkst du Dein Selbstvertrauen und Dein Vertrauen in Deine Fähigkeit, Herausforderungen zu meistern.

Dies hilft Dir, Zweifel zu überwinden und Ängsten mit Zuversicht entgegenzutreten.

Der Umgang mit Zweifeln und Ängsten erfordert Geduld, Selbstreflexsion und kontinuierliche Arbeit an Dir selbst.

Es ist ein fortlaufender Prozess, bei dem du immer wieder auf neue Zweifel und Ängste stoßen kannst. Daher ist es wichtig, dir selbst mit Mitgefühl und Geduld zu begegnen.

Eine weitere hilfreiche Strategie im Umgang mit Zweifeln und Ängsten ist das Erstellen einer positiven Unterstützungsstruktur.

Das bedeutet, sich mit Menschen zu umgeben, die Dich ermutigen, unterstützen und an Dich glauben.

Durch den Austausch mit positiv gesinnten Menschen erhältst Du nicht nur Bestärkung, sondern kannst auch von deinen Erfahrungen und Perspektiven profitieren.

Es kann auch hilfreich sein, regelmäßige Rituale und Praktiken einzuführen, um Dich dabei zu unterstützen, Deine Ängste und Zweifel zu bewältigen.

Das kann beispielsweise Meditation, Atemübungen, Visualisierung oder das Führen eines Dankbarkeitstagebuchs beinhalten.

Diese Praktiken ermöglichen es Dir, Deiinen Geist zu beruhigen, negative Gedankenmuster zu unterbrechen und eine positive innere Einstellung zu kultivieren.

Nicht zuletzt ist es wichtig, Dir selbst zu erlauben, Fehler zu machen und aus ihnen zu lernen. Oftmals sind es gerade die Herausforderungen und Rückschläge, die dich wachsen lassen und Dich stärker machen. Anstatt uns von Misserfolgen entmutigen zu lassen, kannst Du sie als Lernchancen betrachten und daraus gestärkt hervorgehen.

Abschließend ist es entscheidend zu verstehen, dass Zweifel und Ängste normale Bestandteile des menschlichen Lebens sind.

Jeder, der sich auf Veränderung und persönliches Wachstum einlässt, wird mit ihnen konfrontiert.

Es geht darum, eine positive innere Haltung zu entwickeln, Strategien zur Bewältigung zu finden und an die eigene Stärke zu glauben.

Indem Du dich auf positive Gedanken und Affirmationen konzentrierst, Unterstützung suchst und achtsam mit Dir selbst umgehst, kannst Du Deine Zweifel und Ängste überwinden und Deinen Weg der Gedankenmagie erfolgreich fortsetzen.

● *Die Rolle des Glaubens und Vertrauens in den Prozess*

Die Rolle des Glaubens und Vertrauens spielt eine zentrale Rolle im Prozess der Gedankenmagie.

Glaube bezieht sich auf die Überzeugung, dass Deine Gedanken und Vorstellungen die Fähigkeit haben, Deine Realität zu formen.

Vertrauen bezieht sich auf das Vertrauen in den Prozess und in Deine eigenen Fähigkeiten.

Glaube ist die treibende Kraft hinter der Gedankenmagie.

Es ist der Glaube daran, dass Deine Gedanken und Absichten eine energetische Wirkung haben und sich in Deine Realität manifestieren können.

Wenn du an die Macht Deiner Gedanken glaubst, bist du motiviert und bereit, bewusst daran zu arbeiten, Deine Wünsche und Ziele zu erreichen.

Glaube schafft eine positive und unterstützende innere Einstellung, die Dir dabei hilft, Hindernisse zu überwinden und Deine Visionen zu verwirklichen.

Vertrauen ist eng mit dem Glauben verbunden.

Es bezieht sich auf das Vertrauen in den Prozess der Gedankenmagie und in Deine Fähigkeit, die gewünschten Veränderungen herbeizuführen.

Vertrauen erlaubt es Dir, loszulassen und Dich dem Fluss des Lebens hinzugeben.

Es bedeutet, dass Du Dir selbst erlaubst, den natürlichen Verlauf der Dinge zu vertrauen und dich von Ängsten und Zweifeln zu befreien.

Durch das Vertrauen in den Prozess öffnest Du Dich für neue Möglichkeiten und erlaubst Dir, die Magie Deiner Gedanken zu entfalten.

Der Glaube und das Vertrauen in den Prozess der Gedankenmagie können durch verschiedene Praktiken gestärkt werden.

Eine Möglichkeit besteht darin, positive Erfahrungen und

Erfolgsgeschichten zu suchen und sich mit ihnen zu verbinden. Indem Du Dich mit Menschen austauschst, die bereits positive Veränderungen in Deinem Leben bewirkt haben, kannst Du Deinen eigenen Glauben und Dein Vertrauen stärken.

Auch die regelmäßige Selbstreflexion und das Bewusstwerden Deiner eigenen Gedanken und Glaubenssätze sind wichtige Elemente, um den Glauben und das Vertrauen zu stärken.

Indem du Deine inneren Überzeugungen hinterfragst und Dich von negativen Denkmustern löst, schaffst du Raum für neue positive Glaubenssätze und stärkst Dein Vertrauen in Deine Fähigkeiten.

Es ist auch hilfreich, Dich auf positive Affirmationen und Visualisierungen zu konzentrieren.

Durch die bewusste Wiederholung von positiven Aussagen und das lebendige Vorstellen der gewünschten Ergebnisse kannst du Deinen Glauben und Dein Vertrauen stärken.

Diese Praktiken dienen dazu, Deine Gedanken in Einklang mit Deinen Zielen und Wünschen zu bringen und eine positive Schwingung zu erzeugen.

Letztendlich ist der Glaube und das Vertrauen in den Prozess der Gedankenmagie eine persönliche Reise. Jeder Mensch wird seine eigene Erfahrung machen und seinen individuellen Weg finden.

Es erfordert Zeit, Übung und die Bereitschaft, sich auf diesen Prozess einzulassen. Durch einen starken Glauben und ein tiefes Vertrauen in Deine eigene innere Kraft kannst du die Magie Deiner Gedanken entfalten und Deine Realität aktiv gestalten. Es ist wichtig, sich immer wieder daran zu erinnern, dass Du Schöpfer Deines eigenen Lebens bist und dass Du die Fähigkeit hast, positive Veränderungen herbeizuführen.

Ein wichtiger Aspekt bei der Entwicklung von Glauben und Vertrauen ist die Achtsamkeit.

Indem Du dir bewusst wirst, wie Deine Gedanken und Glaubenssätze Deine Realität beeinflusst, kannst du gezielt positive Gedanken und Überzeugungen kultivieren.

Achtsamkeit hilft Dir auch dabei, negative Denkmuster und Selbstzweifel zu erkennen und loszulassen, sodass Du Raum für eine positive Transformation schaffst.

Ein weiterer Schlüssel zur Stärkung von Glauben und Vertrauen ist die Praxis der Dankbarkeit. Indem Du dich regelmäßig auf das konzentrierst, wofür Du bereits dankbar bist, lenkst Du Deine Aufmerksamkeit auf die Fülle in Deinem Leben.

Dies stärkt nicht nur Deinen Glauben an die positive Kraft Deiner Gedanken, sondern hilft Dir auch, eine positive und optimistische Haltung einzunehmen.

Es ist auch wichtig, sich von Limitationen und Begrenzungen zu lösen. Oftmals hast Du tief verwurzelte Überzeugungen, die Dich daran hindern, an Dich selbst und Deine Fähigkeiten zu glauben.

Indem Du dich bewusst mit Deinen Ängsten und Zweifeln auseinandersetzt und sie transformierst, kannst du den Raum für Glauben und Vertrauen erweitern.

Der Prozess der Gedankenmagie erfordert Zeit, Geduld und Ausdauer.

Es kann auch Rückschläge und Herausforderungen geben, aber es ist wichtig, den Glauben und das Vertrauen aufrechtzuerhalten. Indem Du an Dich selbst glaubst und Dir selbst vertraust, öffnest Du dich für neue Möglichkeiten und erlaubst Dir, das Leben zu manifestieren, von dem Du träumst.

Abschließend ist es entscheidend zu verstehen, dass der Glaube und das Vertrauen in den Prozess der Gedankenmagie keine blinde Hoffnung ist, sondern eine bewusste Wahl, die Du treffen kannst.

Indem du dich auf Deine innere Stärke und Deine Fähigkeit, Deine Realität zu formen, ausrichtest, kannst Du die Magie Deiner Gedanken entfalten und ein erfülltes und authentisches Leben erschaffen.

Rückfälle und Rückschläge als Chancen für Wachstum nutzen

Rückfälle und Rückschläge sind ein natürlicher Bestandteil des Prozesses des persönlichen Wachstums und der Gedankenmagie.

Sie können entmutigend sein, doch sie bieten gleichzeitig wertvolle Chancen für Dein Wachstum und Deine Weiterentwicklung.

Oftmals treten Rückfälle oder Rückschläge auf, wenn Du alte Denkmuster und Verhaltensweisen loslässt und Dich auf neue positive Wege begeben willst.

Es ist wichtig zu verstehen, dass diese Rückfälle Teil des Lernprozesses sind und Dir wertvolle Erkenntnisse über Dich selbst und Deine persönlichen Herausforderungen liefern kann.

Wenn Du auf einen Rückschlag stösst, ist es zunächst wichtig,

Dir selbst mit Mitgefühl zu begegnen und Dich nicht selbst zu verurteilen.

Du kannst Dich daran erinnern, dass Rückschläge normal sind und dass sie Dir die Möglichkeit bieten, aus ihnen zu lernen und Dich weiterzuentwickeln.

Ein erster Schritt besteht darin, die Situation zu reflektieren und herauszufinden, welche Faktoren zu dem Rückschlag geführt haben könnten.

Vielleicht hast Du alte Glaubenssätze oder Muster aktiviert, die Dich zurückgehalten haben.

Oder Du hast Deine eigenen Bedürfnisse und Grenzen nicht ausreichend berücksichtigt.

Durch diese Reflektion kannst Du erkennen, welche Bereiche Du weiterentwickeln und verbessern kannst.

Rückfälle und Rückschläge können auch als Gelegenheit dienen, Deine Motivation und Entschlossenheit zu stärken.

Anstatt Dich von ihnen entmutigen zu lassen, kannst Du sie als Ansporn nehmen, umso hartnäckiger an Deinen Zielen und Wünschen festzuhalten.

Sie können Dich darin bestärken, Deine Bemühungen zu intensivieren und Dich noch bewusster mit Deinen Gedanken und Handlungen auseinanderzusetzen.

Des Weiteren kannst Du aus Rückschlägen lernen, indem Du Dir Unterstützung suchst.

Das kann in Form von Mentoren, Coaches oder einer Gemeinschaft von Gleichgesinnten geschehen.

Der Austausch mit anderen, die ähnliche Herausforderungen durchlaufen haben oder bereits Erfahrungen gesammelt haben, kann Dir wertvolle Einsichten und Ratschläge bieten.

Es kann Dich auch daran erinnern, dass Du nicht alleine bist und dass es normal ist, Rückschläge zu erleben.

Schließlich kannst Du Rückschläge auch als Chance nutzen, um Dich selbst besser kennenzulernen und Deine Stärken und Schwächen zu erkennen.

Indem Du Dich bewusst mit den Gründen für den Rückschlag auseinandersetzt, kannst Du Deine eigene innere Arbeit vertiefen und Deine persönliche Entwicklung vorantreiben.

Die Art und Weise, wie Du mit Rückschlägen umgehst, beeinflusst maßgeblich Dein Wachstum und Deine Fortschritte auf Deinem Weg der Gedankenmagie. Indem Du Rückschläge als Lernchancen betrachtest und sie als Ansporn für Deine Weiterentwicklung nutzt, kannst Du gestärkt aus ihnen hervorgehen. Jeder Rückschlag bringt uns näher an Deine Ziele und lässt Dich an innerer Stärke gewinnen.

Hier sind einige Schritte, die Dir helfen können, Rückschläge als Chancen für Wachstum zu nutzen:

1. **Akzeptanz und Selbstreflexion:**

   Anstatt Dich von Rückschlägen entmutigen zu lassen, ist es wichtig, sie als Teil des Prozesses anzuerkennen und Dir selbst mit Mitgefühl zu begegnen.

   Du kannst Dich fragen, welche Faktoren zu dem Rückschlag geführt haben könnten und welche Lektionen wir daraus ziehen können.

2. **Lernen und Anpassen:**

Rückschläge bieten die Möglichkeit, aus ihnen zu lernen und Deine Herangehensweise anzupassen. Du kannst reflektieren, welche Strategien oder Überzeugungen möglicherweise nicht erfolgreich waren und alternative Wege suchen, um Deine Ziele zu erreichen.

3. **Unterstützung suchen:**

Es ist hilfreich, sich mit anderen auszutauschen, die ähnliche Herausforderungen durchlebt haben oder bereits Erfahrungen gesammelt haben. Mentoren, Coaches oder eine unterstützende Gemeinschaft können wertvolle Perspektiven und Ratschläge bieten, um aus Rückschlägen gestärkt hervorzugehen.

4. Resilienz aufbauen:

Rückschläge können unsere Resilienz fördern und uns widerstandsfähiger machen.

Indem Du lernst, Dich von Rückschlägen nicht entmutigen zu lassen, sondern Deine Entschlossenheit zu stärken, kannst Du gestärkt aus ihnen hervorgehen und weiter voranschreiten.

5. **Den Fokus auf das Positive richten:**

Anstatt uns auf den Rückschlag selbst zu fixieren, kannst Du Dich auf das Positive konzentrieren.

Du kannst Dich daran erinnern, welche Fortschritte Du bereits gemacht hast und welche Erfolge Du erzielt hast.

Das hilft Dir, den Blick nach vorne zu richten und Deine

Motivation aufrechtzuerhalten.

6. **Geduld und Ausdauer:**

Wachstum braucht Zeit und Rückschläge gehören oft zum Prozess dazu. Es ist wichtig, geduldig zu bleiben und sich nicht von Rückschlägen entmutigen zu lassen.

Mit Ausdauer kannst Du Deine Ziele erreichen und über Dich hinauswachsen.

Indem Du Rückschläge als Gelegenheit für Wachstum und Weiterentwicklung betrachtest, kannst Du Deinen Weg der Gedankenmagie mit größerer Entschlossenheit und Zuversicht fortsetzen.

Jeder Rückschlag ist eine Chance, Dich selbst besser kennenzulernen, Deine Strategien anzupassen und letztendlich Deine Ziele zu erreichen.

Mit einer positiven Einstellung und der Bereitschaft, aus Rückschlägen zu lernen, kannst Du Deinen eigenen Erfolg und persönliches Wachstum vorantreiben.

KAPITEL 6: DIE WEITERENTWICKLUN G DER GEDANKENMAGIE

- *Die Stärkung der mentalen Fähigkeiten und Intuition*

Die Stärkung unserer mentalen Fähigkeiten und Intuition spielt eine bedeutende Rolle in der Gedankenmagie.

Indem Du diese Fähigkeiten entwickelst und förderst, kannst Du Deine Wahrnehmung erweitern, Deine Entscheidungsfindung verbessern und eine tiefere Verbindung zu Deiner inneren Weisheit herstellen.

1. **Achtsamkeit und Meditation:** Achtsamkeitspraktiken wie Meditation helfen Dir, Deinen Geist zu beruhigen, innere Ruhe zu finden und Deine Konzentration zu verbessern.

Durch regelmäßige Meditation kannst du Deine mentalen Fähigkeiten stärken und Deine Intuition schärfen.

2. **Visualisierung:**

Die Kraft der Visualisierung ermöglicht es Dir, Deine Gedanken in klaren Bildern zu formen und Dich auf Deine

Ziele auszurichten.

Indem Du Dir regelmäßig positive und inspirierende Bilder vorstellst, kannst Du Deine mentalen Fähigkeiten stärken und Dein Unterbewusstsein auf Erfolg programmieren.

3. **Kreativität fördern:**

Kreative Aktivitäten wie Schreiben, Malen oder Musik machen helfen Dir, Deine kreativen Denkprozesse anzuregen und Deine Vorstellungskraft zu entwickeln.

Indem Du Deine kreativen Fähigkeiten stärkst, erweiterst Du Deine geistigen Kapazitäten und öffnest Dich für neue Möglichkeiten.

4. **Intuition entwickeln:**

Deine Intuition ist eine wertvolle Quelle der Weisheit. Indem Du lernst, auf Deine innere Stimme zu hören und Dich auf Deine intuitiven Eingebungen zu verlassen, kannst Du bessere Entscheidungen treffen und unsere Gedankenmagie effektiver einsetzen.

Übungen wie das Fühlen von Bauchgefühlen und das Vertrauen auf Deine Instinkte helfen Dir, Deine intuitive Wahrnehmung zu stärken.

5. **Mentale Flexibilität:** Die Fähigkeit, flexibel zu denken und verschiedene Perspektiven einzunehmen, erweitert Deine geistigen Fähigkeiten.

Indem Du Dich von starren Denkmustern lösen und offen für neue Ideen und Möglichkeiten bist, kannst Du Deinen Geist für Kreativität und innovative Lösungsansätze öffnen.

6. **Selbstreflexion und Innenschau:**

Durch die regelmäßige Selbstreflexion und Innenschau kannst Du Dich mit Deinen eigenen Gedanken und

Gefühlen verbinden.

Indem Du Dir bewusst Zeit für die Selbstreflexion nimmst, lernst Du Dich selbst besser kennen und kannst Deine mentalen Fähigkeiten weiterentwickeln.

Die Stärkung Deiner mentalen Fähigkeiten und Intuition eröffnet Dir neue Dimensionen des Denkens und der Wahrnehmung.

Indem Du diese Fähigkeiten gezielt entwickelst und in Deine Gedankenmagie integrierst, kannst Du Deine Realität bewusster gestalten, die auf tieferem Verständnis und Weisheit basieren.

Mit einem geschärften Geist und einer gestärkten Intuition bist Du in der Lage, Deine Gedanken bewusst zu lenken und Dein Leben auf eine Weise zu gestalten, die Deinem höchsten Potenzial entspricht.

• *Die Verfeinerung der eigenen Sprache und Ausdrucksweise*

Die Verfeinerung Deiner Sprache und Ausdrucksweise spielen eine entscheidende Rolle in der Gedankenmagie.

Indem Du dir bewusst mit Deinen Worten und der Art und Weise, wie Du Dich ausdrückst, auseinandersetzt, kannst Du Deine Gedanken präziser formulieren und gezielter auf Deine Ziele ausrichten.

Hier sind einige Möglichkeiten, wie Du Deine Sprache und Ausdrucksweise verfeinern kannst:

1. **Bewusstsein für Worte und Gedanken:**

Der erste Schritt besteht darin, Dir bewusst zu werden, welche Worte Du verwendst und wie Du über Dich selbst und Deine Ziele sprichst.

Indem Du Deine Gedanken und inneren Dialoge

beobachtest, kannst du negative oder einschränkende Sprachmuster identifizieren und bewusst durch positive und unterstützende Ausdrucksweisen ersetzen.

2. **Affirmationen und positive Glaubenssätze:**

Das bewusste Wiederholen von Affirmationen und positiven Glaubenssätzen hilft Dir, eine unterstützende und kraftvolle innere Sprache zu entwickeln.

Indem Du Dir positive Aussagen über Dich selbst und Deine Fähigkeiten machst, stärkst Du Dir Selbstvertrauen und programmierst Dein Unterbewusstsein auf Erfolg.

3. **Klarheit und Präzision:** Eine klare und präzise Ausdrucksweise ermöglicht es Dir, Deine Gedanken und Absichten deutlich zu kommunizieren.

Indem Du Deine Sätze strukturierst, unnötige Füllwörter vermeidest und Dich auf das Wesentliche konzentrierst, kannst Du Deine Botschaften effektiver vermitteln.

4. **Vermeidung von negativer Sprache:**

Negativität in Deiner Sprache kann Dich einschränken und Deine Energie beeinflussen. Indem Du negative Ausdrücke, wie "Ich kann das nicht" oder "Das wird nie funktionieren", vermeidest und stattdessen positive Alternativen findest, öffnen Du Dich für Möglichkeiten und ermutigst Dich selbst zu erfolgreichem Denken.

5. **Metaphern und bildhafte Sprache:**

Die Verwendung von Metaphern und bildhafter Sprache ermöglicht es uns, komplexe Konzepte anschaulich darzustellen und unsere Gedanken kreativ zu vermitteln. Durch die Nutzung von Metaphern kannst Du neue Perspektiven gewinnen und Deine Vorstellungskraft aktivieren.

6. **Bewusstsein für die Wirkung Deiner Worte:** Unsere Worte haben Macht und können sowohl uns selbst als auch andere beeinflussen. Indem Du Dir bewusst wirst, wie Deine Worte auf andere wirken können, kannst du unsere Kommunikation einfühlsamer und respektvoller gestalten.

Die Verfeinerung Deiner Sprache und Ausdrucksweise eröffnet Dir neue Möglichkeiten, Deiner Gedanken und Absichten klarer und effektiver zu formulieren.

Indem Du Dir bewusst mit Deinen Worten auseinandersetzt und eine unterstützende innere Sprache kultiviert, können wir unsere Gedankenmagie stärken und unsere Realität bewusst gestalten. Eine präzise und positive Ausdrucksweise hilft Dir, Deine Ziele klarer zu definieren, Deine Überzeugungen zu festigen und Deine Gedanken in konstruktive Bahnen zu lenken.

• *Die Integration von Meditation und Achtsamkeitspraktiken*

Die Integration von Meditation und Achtsamkeitspraktiken spielt eine zentrale Rolle in der Gedankenmagie.

Indem Du regelmäßig meditierst und achtsam bist, kannst Du Deine geistige Klarheit fördern, Deine Präsenz im gegenwärtigen Moment stärken und eine tiefere Verbindung zu Deinen Gedanken und Emotionen herstellen.

Hier sind einige Aspekte, wie Du Meditation und Achtsamkeit in Deine Gedankenmagie integrieren kannst:

• *Meditation als Basis:*

Die Praxis der Meditation dient als Grundlage für die Entwicklung von Achtsamkeit und innerer Stille. Durch regelmäßige Meditation kannst Du Deinen Geist beruhigen, Dich von ablenkenden Gedanken lösen und Deine Konzentration verbessern. Dies schafft die ideale Grundlage, um bewusst mit Deinen Gedanken in Kontakt zu treten und sie zu lenken.

● *Achtsamkeit im Alltag:*

Achtsamkeit bedeutet, bewusst im gegenwärtigen Moment zu sein, ohne zu urteilen.

Indem Du Achtsamkeit in Deinen Alltag integrierst, kannst Du Deine Gedanken, Emotionen und Handlungen bewusster wahrnehmen. Dadurch wirst Du Dich mehr und mehr der Verbindung zwischen Deinen Gedanken, Deiner Sprache und Deiner Realität bewusst.

- **Beobachtung der Gedanken:**

Durch die Praxis der Achtsamkeit lernst Du, Deine Gedanken zu beobachten, ohne Dich von ihnen mitreißen zu lassen. Du erkennst, dass Du nicht Deine Gedanken bist, sondern dass Du die Fähigkeit hast, sie bewusst wahrzunehmen und auszuwählen, welche Gedanken Du weiterverfolgen möchtest.

Diese bewusste Beobachtung hilft Dir, Dich von negativen Denkmustern zu lösen und Deine Gedanken in eine positive und konstruktive Richtung zu lenken.

- **Emotionale Resilienz entwickeln:**
Meditation und Achtsamkeitspraktiken unterstützen Dich dabei, eine größere emotionale Resilienz aufzubauen. Durch die bewusste Wahrnehmung Deiner Emotionen und das Akzeptieren von ihnen, ohne Dich von ihnen überwältigen zu lassen, entwickelst Du die Fähigkeit,

mit schwierigen Emotionen umzugehen und sie zu transformieren. Dies ermöglicht es Dir, Deine Gedanken bewusst zu lenken, selbst wenn Du mit herausfordernden Situationen konfrontiert bist.

- **Verbindung zu Deiner inneren Weisheit und Intuition stärken:**

Durch regelmäßige Meditation und Achtsamkeitspraktiken kannst Du Deine Verbindung zu Deiner inneren Weisheit und Intuition stärken.

Indem Du Dir bewusst Zeit nimmst, um still zu werden und Deine Gedanken zur Ruhe zu bringen, öffnest Du Dich für intuitive Eingebungen und Inspirationen. Diese intuitive Führung kann Dich bei der Entscheidungsfindung und dem Erkennen von Möglichkeiten unterstützen.

- **Bewusstsein für den gegenwärtigen Moment:**

Die Praxis der Achtsamkeit hilft Dir, im gegenwärtigen Moment präsent zu sein und Dich von den Sorgen der Vergangenheit oder der Zukunft zu lösen.

Indem Du Dich auf den gegenwärtigen Moment konzentrierst, kannst Du Deie Gedanken bewusster wahrnehmen und steuern. Dies ermöglicht es Dir, Deibe Aufmerksamkeit auf das Hier und Jetzt zu richten und die Realität bewusst zu gestalten.

- **Innere Ruhe und Gelassenheit kultivieren:**

Durch die Integration von Meditation und Achtsamkeitspraktiken kannst Du eine innere Ruhe und Gelassenheit entwickeln.

Diese Praktiken helfen Dir, Dich von stressigen Gedanken und Emotionen zu befreien und einen Zustand der inneren Stille zu erreichen.

In diesem Zustand kannst Du klarer denken, Deine Gedanken bewusster lenken und Deine Realität positiv beeinflussen.

- **Selbstreflexion und Selbsterkenntnis fördern:**

Die regelmäßige Praxis der Achtsamkeit ermöglicht es Dir, Dich selbst besser zu kennen und Dir bewusst zu werden, wie Deine Gedanken und Emotionen Deine Realität beeinflussen.

Durch die Selbstreflexion kannst Du Deine Denkmuster und Glaubenssätze identifizieren, die Dich möglicherweise einschränken oder blockieren. Dadurch eröffneen sich Möglichkeiten für Veränderung und persönliches Wachstum.

- **Integration von Achtsamkeit in den Alltag:**

Um die Vorteile der Achtsamkeit und Meditation vollständig zu nutzen, ist es wichtig, diese Praktiken in Deinen Alltag zu integrieren. Dies kann bedeuten, bewusste Momente der Stille und Achtsamkeit in Deine täglichen Abläufe einzubauen, sei es beim Essen, beim Gehen oder bei alltäglichen Aufgaben.

Du kannst auch kurze Achtsamkeitsübungen in Deinen Tag einstreuen, um Dich immer wieder mit dem gegenwärtigen Moment zu verbinden und Deine Gedanken bewusst zu lenken.

- **Weiterentwicklung Deiner eigenen Praxis:**

Die Integration von Meditation und Achtsamkeit in Gedankenmagie ist ein kontinuierlicher Prozess der Weiterentwicklung.

Es ist wichtig, Deine Praxis regelmäßig zu pflegen und zu vertiefen. Dies kann bedeuten, an Retreats oder Workshops teilzunehmen, um Deine Fähigkeiten zu erweitern, neue Techniken zu erlernen und Dich mit Gleichgesinnten auszutauschen. Es kann auch hilfreich sein, Ressourcen wie Bücher, Podcasts oder Apps zu nutzen, die Dich dabei unterstützen, Deine Praxis zu vertiefen und neue Inspiration zu finden.

- **Mitfühlender Umgang mit Dir selbst und anderen:**

Die Integration von Meditation und Achtsamkeit in Deine Gedankenmagie eröffnet auch den Raum für einen mitfühlenden Umgang mit Dir selbst und anderen.

Indem Du Dich bewusst mit Deinen Gedanken, Emotionen und inneren Erfahrungen auseinandersetzt, kannst Du ein tieferes Verständnis für Dich selbst und Deine Mitmenschen entwickeln. Dies ermöglicht es Dir, mitfühlender und liebevoller zu sein, sowohl Dir selbst gegenüber als auch anderen gegenüber.

Diese liebevolle Haltung unterstützt Dich dabei, eine positive und harmonische Realität zu schaffen.

- **Regelmäßige Praxis und Integration in den Alltag:**
Damit die Integration von Meditation und Achtsamkeit in Deiner Gedankenmagie effektiv ist, ist eine regelmäßige Praxis entscheidend. Es ist wichtig, täglich Zeit für Meditation und Achtsamkeitsübungen zu reservieren, um Deine geistige Klarheit und Präsenz aufrechtzuerhalten. Darüber hinaus solltest Du versuchen, das Erlernte und die gewonnenen Erkenntnisse in Deinen Alltag zu integrieren. Dies bedeutet, Achtsamkeit und bewusste Gedankenlenkung nicht nur während der Praxis, sondern auch im täglichen Leben anzuwenden, sei es bei der Kommunikation, bei Entscheidungen oder bei der Bewältigung von Herausforderungen.

- **Fortschritt und Wachstum akzeptieren:**

Die Integration von Meditation und Achtsamkeit in Deiner Gedankenmagie ist ein Prozess, der Zeit und Geduld erfordert. Es ist wichtig, Dir selbst zu erlauben, zu wachsen und Dich weiterzuentwickeln, ohne Dich von Rückschlägen entmutigen zu lassen.

Jeder Tag und jede Praxis bietet Dir die Möglichkeit, Dich weiter zu entfalten und Dein volles Potenzial zu entdecken. Es ist wichtig, Dir selbst mit Mitgefühl zu begegnen und Dich daran zu erinnern, dass Fortschritt und Wachstum ein lebenslanger Prozess sind.

Die Integration von Meditation und Achtsamkeit in den Alltag ermöglicht es Dir, Deine geistigen Fähigkeiten zu stärken, Deine Intuition zu fördern und bewusster mit Deinen Gedanken umzugehen.

Indem Du Dir Zeit für Stille und Achtsamkeit nimmst, kannst Du einen klaren Geist entwickeln und eine tiefere Verbindung zu Deiner inneren Weisheit herstellen. Dies unterstützt Dich dabei, eine positive und bewusste Realität zu erschaffen und Dein Leben mit mehr Klarheit, Gelassenheit und Erfüllung zu gestalten.

Die Integration von Meditation und Achtsamkeitspraktiken in Deine Gedankenmagie ist somit eine kraftvolle Methode, um Deine geistigen Fähigkeiten zu entfalten und Deine Lebensqualität zu verbessern.

Die Erforschung fortgeschrittener Techniken der Gedankenmagie

In der fortgeschrittenen Phase der Gedankenmagie kannst Du Dich mit einer Vielzahl von Techniken und Methoden vertraut machen, die Dir helfen, Deine Fähigkeiten weiterzuentwickeln und Deine Realität bewusst zu gestalten.

Diese fortgeschrittenen Techniken erfordern oft eine tiefere Selbstreflexion und ein tieferes Verständnis der Funktionsweise Deines Geistes.

Im Folgenden werden einige dieser fortgeschrittenen Techniken der Gedankenmagie vorgestellt:

1. **Subliminals und Affirmationen auf subtiler Ebene:**

   Subliminals sind Botschaften, die auf einer subliminalen Ebene präsentiert werden, sodass sie vom bewussten Verstand kaum oder gar nicht wahrgenommen werden.

Diese Botschaften können positive Affirmationen oder Überzeugungen enthalten, die direkt auf das Unterbewusstsein wirken. Durch die Wiederholung dieser subliminalen Botschaften kannst Du Deine negativen Glaubenssätze umprogrammieren und positive Überzeugungen verankern.

2. **Visualisierung auf energetischer Ebene:**

Neben der gewöhnlichen Visualisierung auf mentaler Ebene kannst Du auch auf energetischer Ebene visualisieren.

Dies beinhaltet die Vorstellung, wie Deine Gedanken und Emotionen als energetische Schwingungen im Universum wirken und Deine Realität beeinflussen. Indem Du Dir vorstellst, wie diese energetischen Schwingungen Deine Umgebung durchdringen und sich mit den entsprechenden positiven Energien verbinden, kannst Du eine noch stärkere Manifestationskraft entfalten.

3. **Telepathie und Gedankenübertragung:**

Auf fortgeschrittenem Niveau kannst Du Dich mit der Fähigkeit zur Telepathie und Gedankenübertragung befassen.

Dies beinhaltet die bewusste Übertragung von Gedanken, Emotionen und Informationen auf andere Menschen, ohne dabei auf herkömmliche Kommunikationsmittel angewiesen zu sein. Durch mentale Konzentration und Fokussierung kannst Du eine Verbindung zu anderen herstellen und Deine Gedanken direkt kommunizieren. Es erfordert Übung und Sensibilität, um diese Fähigkeit zu entwickeln und zu kontrollieren.

4. **Energetische Reinigung und Harmonisierung:**

Neben der Arbeit mit Gedanken und Emotionen kannst Du

Dich auch auf die Reinigung und Harmonisierung Deiner energetischen Frequenzen konzentrieren.

Dies umfasst Techniken wie Energiearbeit, Chakra-Ausrichtung und Aurareinigung. Durch diese Praktiken kannst Du blockierte Energien lösen, negative Einflüsse ausgleichen und eine höhere Schwingungsebene erreichen.

Eine gereinigte und harmonisierte Energie ermöglicht es Dir, Deine Gedanken und Absichten noch kraftvoller zu manifestieren.

5. **Multidimensionale Realitätserfahrung:**

Fortgeschrittene Gedankenmagie ermöglichen Dir auch, die Erforschung und Erfahrung multidimensionaler Realitäten.

Du erkennst, dass Deine Realität nicht nur auf der physischen Ebene existiert, sondern auch auf anderen Ebenen der Existenz.

Indem Du Dich für diese multidimensionalen Aspekte öffnest, kannst Du Dich mit höheren Bewusstseinsebenen verbinden, Zugang zu tieferem Wissen und Weisheit erhalten und Deine Fähigkeiten zur Realitätsformung erweitern. Dies erfordert eine Erweiterung Deiner Vorstellungskraft und die Bereitschaft, über die Grenzen Deiner gewohnten Realität hinauszugehen.

5. **Vereinigung von Geist und Herz:**

Eine fortgeschrittene Technik der Gedankenmagie besteht darin, den Geist und das Herz zu vereinen. Indem Du Deine Gedanken und Absichten mit Deinem Herzen verbindest, schaffst Du eine kraftvolle Synchronizität zwischen Deinen rationalen Überlegungen und Deinen intuitiven Gefühlen.

Diese Einheit ermöglicht es Dir, Deine Gedanken mit einer tieferen emotionalen Bedeutung zu versehen und eine größere Resonanz mit unserem wahren Selbst und unseren Zielen zu erzeugen.

6. **Bewusste Co-Kreation:**

Fortgeschrittene Gedankenmagie erfordert auch die Fähigkeit zur bewussten Co-Kreation. Das bedeutet, dass Du Dich nicht nur auf Deine individuellen Wünsche und Absichten konzentrierst, sondern auch darauf, wie Deine Handlungen und Gedanken zum Wohl des Kollektivs beitragen können.

Du erkennst, dass Du Teil eines größeren Ganzen bist und dass Deine Manifestationen Auswirkungen auf die Welt um Dich herum haben.

Durch bewusste Co-Kreation kannst Du Deine Gedanken und Absichten in Einklang mit dem höheren Wohl aller bringen.

Die Erforschung fortgeschrittener Techniken der Gedankenmagie eröffnet Dir eine erweiterte Perspektive auf Deine Fähigkeiten als Schöpfer Deiner Realität.

Sie erfordert Übung, Geduld und Hingabe, da diese Techniken oft einen tieferen Einblick in Dir selbst erfordern.

Indem Du Dich auf diese fortgeschrittenen Techniken einlässt, kannst Du Deine Gedankenmagie auf ein neues Niveau bringen und Deine Realität auf eine tiefere Ebene formen und transformieren.

Es liegt an Dir, diese Techniken zu erkunden und Deinen eigenen Weg der Gedankenmagie zu entdecken.

SCHLUSSWORTE

Unsere Gedanken haben eine immense transformative Kraft. Sie formen unsere Wahrnehmung, beeinflussen unsere Emotionen und gestalten letztendlich unsere Realität.

Doch oft sind wir uns dieser Kraft nicht bewusst und lassen uns von automatischen Denkmustern und negativen Gedanken leiten. Das bewusste Sprechen mit den Gedanken ist jedoch ein kraftvolles Werkzeug, um diese Muster zu durchbrechen und eine positive Veränderung in Deinem Leben herbeizuführen.

Indem Du Dir bewusst wirst, welche Gedanken Du denkst und wie Du mit ihnen sprichst, erlangst Du die Kontrolle über Deine innere Welt.

Du erkennst, dass Deine Gedanken nicht einfach passiv vorbeiziehen, sondern dass Du aktiv wählen kannst, welche Gedanken Du hegst und welche Aufmerksamkeit Du Ihnen schenkst.

Durch bewusstes Sprechen mit Deinen Gedanken kannst Du die negativen, einschränkenden Gedankenmuster erkennen und sie durch positive, konstruktive Gedanken ersetzen.

Die transformative Kraft des bewussten Sprechens mit den Gedanken liegt darin, dass Du dadurch Deine Realität auf tiefgreifende Weise verändern kannst. Indem Du Dich auf positive Gedanken ausrichtest und Deine Absichten klar formulierst, sendest Du eine starke Energie aus, die sich auf Dein Leben auswirkt.

Du ziehst Ereignisse, Situationen und Menschen an, die im Einklang mit Deinen Gedanken und Absichten stehen.

Du erschaffst eine Realität, die Deinen Wünschen und Zielen entspricht.

Es ist wichtig zu betonen, dass das bewusste Sprechen mit den Gedanken nicht bedeutet, dass Du Dich nur auf positive Gedanken beschränken musst.

Es geht vielmehr darum, die negativen Gedanken zu erkennen, sie anzunehmen und bewusst zu transformieren.

Du lernst, Dir selbst liebevoll zu begegnen und Dir positive Affirmationen und Glaubenssätze anzueignen. Dadurch schaffst Du eine innere Umgebung, die Dich unterstützt und stärkt.

Die transformative Kraft des bewussten Sprechens mit den Gedanken zeigt sich nicht nur auf individueller Ebene, sondern auch auf kollektiver Ebene.

Indem Du positive Gedanken aussendest und mit anderen teilst, kannst du eine positive Energie in Deiner Umwelt schaffst und andere inspirierst.

Du trägst dazu bei, eine Welt zu erschaffen, die von Liebe, Mitgefühl und Bewusstsein geprägt ist.

Die transformative Kraft des bewussten Sprechens mit den Gedanken liegt in Deiner Verantwortung.

Es ist an Dir, diese Kraft zu erkennen und bewusst einzusetzen. Indem Du Dir regelmäßig Zeit nimmst, um Deine Gedanken zu beobachten, zu reflektieren und bewusst zu lenken, kannst Du eine tiefgreifende Veränderung in Deinem Leben herbeiführen.

Es erfordert Übung, Geduld und Hingabe, aber die Belohnungen sind von unschätzbarem Wert.

Möge die transformative Kraft des bewussten Sprechens mit den Gedanken, Dir helfen, Deine innere Welt zu heilen, Deine Realität zu formen und ein erfülltes Leben zu erschaffen.

Die fortlaufende Reise der Selbstentdeckung und persönlichen Weiterentwicklung durch Gedankenmagie

Die Praxis der Gedankenmagie ist keine einmalige Anstrengung, sondern eine fortlaufende Reise der Selbstentdeckung und persönlichen Weiterentwicklung.

Sie lädt Dich ein, Dich immer tiefer mit Deinen Gedanken, Deiner Sprache und Deiner Realität zu verbinden und Deine bewusste Schöpferkraft zu entfalten.

Während Du dich auf dieser Reise befindest, erfährst du eine kontinuierliche Transformation und Entfaltung Deines wahren Potenzials.

Die Gedankenmagie öffnet Dir die Tür zu einer faszinierenden Welt der Selbsterkenntnis und Selbstentfaltung.

Indem Du Dich bewusst mit Deinen Gedanken auseinandersetzt, erkennst Du, welche Überzeugungen, Ängste und Blockaden Dich daran hindern, Dein volles Potenzial zu entfalten.

Du beginnst Dich von alten Denkmustern zu lösen und neue, konstruktive Gedankenmuster zu etablieren, die Dich auf Deinem Weg des Wachstums und der persönlichen Weiterentwicklung unterstützen.

Auf dieser Reise der Selbstentdeckung begegnest Du vielleicht auch Deinen tiefsten Ängsten, Zweifeln und inneren Widerständen.

Doch die Gedankenmagie schenkt Dir die Möglichkeit, diese Herausforderungen als Chancen für Wachstum zu nutzen. Du lernst, Dich selbst mit Mitgefühl und Güte zu begegnen und Dich von Selbstzweifeln und negativen Denkmustern zu befreien. Durch bewusstes Sprechen mit Deinen Gedanken erlangst Du eine neue Ebene des Vertrauens in Dir selbst und Deine Fähigkeit, Deine Realität zu formen.

Die fortlaufende Reise der Gedankenmagie eröffnet Dir auch den Raum für ständiges Lernen und Erforschen.

Du entdeckst immer wieder neue Techniken, Werkzeuge und Erkenntnisse, die Dich dabei unterstützen, Deine Gedankenmuster zu verfeinern und Dein Bewusstsein zu erweitern.

Du experimentierst mit Visualisierungen, Affirmationen, Meditation und anderen Praktiken, um Deine Fähigkeit zur bewussten Gestaltung Deiner Realität zu vertiefen.

Auf dieser Reise wirst Du Zeuge der erstaunlichen Ergebnisse, die Du durch bewusstes Sprechen mit Deinen Gedanken erzielen kannst.

Du beobachtest, wie sich Deine Realität auf positive und erfüllende Weise entfaltet.

Du ziehst synchronistische Begegnungen an, erreichst Deine Ziele und erfährst ein tieferes Gefühl von innerer Harmonie und Erfüllung.

Die fortlaufende Reise der Selbstentdeckung und persönlichen Weiterentwicklung durch Gedankenmagie erfordert jedoch auch Ausdauer, Geduld und Selbstreflexion.

Es ist eine Reise, die Dich dazu einlädt, Dich stets mit Deiner inneren Weisheit zu verbinden und Deine Grenzen zu erweitern.

Es ist eine Reise, auf der Du Dich immer wieder mit neuen Herausforderungen konfrontiert siehst, aber auch mit neuen Möglichkeiten des Wachstums und der Selbstverwirklichung.

Möge diese fortlaufende Reise der Gedankenmagie Dir tiefe Einsichten, Transformation und Freude schenken.

Übungen, Affirmationen und Meditationen zur praktischen Anwendung

Die praktische Anwendung von Gedankenmagie beinhaltet verschiedene Übungen, Affirmationen und Meditationen, die uns dabei unterstützen, unsere Gedanken bewusst zu lenken und eine positive Veränderung in unserem Leben herbeizuführen. Diese Werkzeuge dienen dazu, unsere Gedankenmuster zu transformieren, unser Bewusstsein zu erweitern und unsere Verbindung zur Quelle der Schöpfung zu vertiefen. Hier sind einige praktische Übungen, Affirmationen und Meditationen, die Sie in Ihre Gedankenmagie-Praxis integrieren können:

1. Bewusstes Beobachten der Gedanken: Nimm Dir regelmäßig Zeit, um Deine Gedanken zu beobachten, ohne sie zu bewerten oder zu verurteilen.

   Werde Dir bewusst, welche Gedanken in Deinem Geist auftauchen, und beobachte, wie sie wie Wolken vorbeiziehen.

   Dies hilft Dir, eine Distanz zu Deinen Gedanken zu schaffen und Dich nicht mit ihnen zu identifizieren.

2. **Positive Affirmationen:** Wähle positive Affirmationen aus, die Deinen Zielen und Wünschen entsprechen, und wiederhole sie regelmäßig.

   Formuliere Deine Affirmationen in der Gegenwartsform und mit positiver Ausrichtung.

   Zum Beispiel:

   "Ich bin voller Freude und Dankbarkeit für die Fülle, die in mein Leben fließt."

   Wiederhole diese Affirmationen täglich, um Dein Unterbewusstsein auf positive Gedankenmuster auszurichten.

3. **Visualisierungen:** Setzen Sie sich in einer ruhigen Umgebung hin und schließen Sie die Augen. Visualisieren Sie lebhaft Ihre gewünschte Realität. Stellen Sie sich vor, wie es sich anfühlt, Ihre Ziele erreicht zu haben, und visualisieren Sie die Details dieser Erfahrung.

Lasse alle Sinne in Deine Visualisierung einfließen. Diese Technik verstärkt die Energie Deiner Gedanken und hilft Dir, Deine Ziele zu manifestieren.

4. **Dankbarkeitspraxis:** Nimm Dir jeden Tag Zeit, um bewusst Dankbarkeit zu üben.

Schreibe auf, wofür Du dankbar bist, oder sprich es laut aus.

Fokussiere Dich auf die positiven Aspekte in Deinem Leben und spüre die tiefe Dankbarkeit dafür.

Die Dankbarkeit öffnet Deine Energie für mehr Fülle und positive Erfahrungen.

5. **Meditative Stille:** Schaffe regelmäßig Raum für Stille und innere Einkehr.

Setze Dich in Meditation oder **einfach in Ruhe und lasse Deine Gedanken zur Ruhe kommen.** In dieser Stille kannst Du Dich mit Deiner inneren Weisheit und Intuition verbinden.

Bitte um Klarheit und Führung in Bezug auf Deine Ziele und Entscheidungen.

Diese Übungen, Affirmationen und Meditationen dienen dazu, Deine Gedankenmagie-Praxis zu unterstützen und zu vertiefen.

Experimentiere und finde heraus, welche Techniken für Dich am effektivsten sind.

Je regelmäßiger Du diese Praktiken in Deinen Alltag integrierst, desto stärker wirst Du Deine Gedanken lenken und eine tiefgreifende Veränderung in Deinem Leben erfahren.

Die fortlaufende Anwendung dieser Übungen wird Dir helfen, Dein Gedankenmuster zu transformieren, Deine Intuition zu stärken und eine bewusste Schöpferkraft zu entwickeln.

Denke daran, dass die praktische Anwendung von Gedankenmagie Zeit, Hingabe und kontinuierliche Übung erfordert. Sei geduldig mit Dir selbst und erlaube Dir, Schritt für Schritt zu wachsen und Dich weiterzuentwickeln.

Nutze diese Werkzeuge als Unterstützung auf Deiner Reise, Selbstentdeckung und persönliche Weiterentwicklung.

Gedankenmagie ist eine kraftvolle Praxis, die Dir ermöglicht, bewusst Deine Realität zu gestalten und Dein volles Potenzial zu entfalten.

Indem Du diese Übungen, Affirmationen und Meditationen in Deinen Alltag integrierst, öffnest Du Dich für eine neue Dimension des Bewusstseins und der Selbstverwirklichung.

Möge Deine praktische Anwendung der Gedankenmagie Dir dabei helfen, Deine Gedanken bewusst zu lenken, Deine Ziele zu erreichen und ein erfülltes und authentisches Leben zu führen.

Vertraue auf die transformative Kraft Deiner Gedanken und sei bereit, Deine Realität auf positive und erstaunliche Weise zu gestalten.

Mit diesem Buch hast Du eine Reise in die faszinierende Welt der Gedankenmagie unternommen.

Du hast gelernt, dass Deine Gedanken eine immense Kraft

besitzen und dass Du durch bewusstes Sprechen mit Deinen Gedanken Deine Realität formen kannst.

Du hast die Grundlagen der Gedankenmagie erkundet, Dich mit den Verbindungen zwischen Gedanken, Sprache und Realität auseinandergesetzt und wertvolle Techniken und Praktiken kennengelernt, um Deine Gedanken bewusst zu lenken.

Die Gedankenmagie ist kein esoterischer Zaubertrick, sondern eine tiefe innere Arbeit, die es Dir ermöglicht, Deine Selbstwahrnehmung zu erweitern, Dein Bewusstsein zu schärfen und Dein volles Potenzial als Schöpfer Deiner Realität zu entfalten.

Sie erfordert Geduld, Übung und Hingabe, aber die Belohnungen sind großartig.

Indem Du Dir der Macht Deiner Gedanken bewusst wirst und bewusst mit ihnen sprichst, kannst Du negative Denkmuster überwinden, Deine Glaubenssätze neu ausrichten und positive Veränderungen in Deinem Leben bewirken.

Wir kannst Deine Ziele und Träume manifestieren, indem Du Deine Gedanken, Worte und Taten auf dasselbe Ziel ausrichtest.

Du kannst die innere Sprache harmonisieren, Dein Unterbewusstsein nutzen und Deine Intuition stärken.

Es ist wichtig, dass Du die Gedankenmagie nicht als isolierte Praxis betrachtest, sondern sie in Deinen Alltag integrierst.

Du hast gelernt, wie Du achtsam und bewusst mit Deinen Gedanken umgehst, wie Du Zweifel und Ängste überwinden und wie Du Geduld und Ausdauer kultivieren kannst.

Du hast die Bedeutung von Glauben, Vertrauen und den Umgang

mit Rückschlägen erkannt.

Die Gedankenmagie bietet Dir die Möglichkeit, Deine Realität bewusst und aktiv zu gestalten.

Sie eröffnet Dir eine Welt voller Möglichkeiten und Potenziale. Es liegt an Dir, das Wissen, das Du in diesem Buch gewonnen hast, in die Tat umzusetzen und Deine Gedankenmagie in Deinem täglichen Leben anzuwenden.

Möge dieses Buch Dich inspirieren, Deine Gedanken bewusst lenken, Deine innere Sprache verbessern und Deine Realität nach Deinen Wünschen gestalten.

Möge es Dir die Werkzeuge und Techniken geben, um Deine Träume zu verwirklichen und ein erfülltes Leben zu führen.

Die Gedankenmagie liegt in Deiner Hand.

Nutze diese Kraft und erschaffe Dir eine Realität, die Du Dir wünschst.

Ich danke Dir für Deine Begleitung auf dieser Reise und wünsche Dir viel Erfolg und Freude beim praktischen Anwenden der Gedankenmagie in Deinem Leben.

Alles Gute auf Deinem Weg der bewussten Realitätsformung!